W0247484

Chuck Spezzano

# Harmonische Beziehungen – ein Weg

*Die Kunst des liebenden Umgangs*
*mit absolut jedermann –*

ein 30-Tage-Programm

Verlag Via Nova

Übersetzung aus dem Amerikanischen:
Dr. Margot Leite Amaral de Melo, Hohenpeißenberg

1. Auflage 1996

**Verlag Via Nova, Neißer Straße 9, 36100 Petersberg**
Telefon und Fax: (06 61) 6 29 73

Satz: typo-service kliem, 97647 Neustädtles
Druck und Verarbeitung: Rindt-Druck, 36037 Fulda
Gestaltung des Buchtitels: Hans Dieter Bittner, 36093 Künzell
Buchbinderische Arbeiten: Parzeller, 36037 Fulda
Alle Rechte vorbehalten
ISBN 3-928632-22-1

# *Widmung*

An meine Schwiegermutter Enid Abel für ihre Großzügigkeit und dafür, daß sie mir immer zur Seite stand. Es heißt: „Hinter dem erfolgreichen Mann steht eine überraschte Schwiegermutter". Sie war ein wirkliches Geschenk für mich, eines, für das ich niemals dieses Buch benötigt habe.

An meinen Schwiegervater Karl Abel für seine Großzügigkeit und Anwesenheit in meinem Leben, der beim Tode meines Vaters aus tiefstem Herzen sagte: „Ich werde jetzt dein Vater sein". Er ist es!

Als ich ihnen begegnete, erlebte ich einen Augenblick der Inspiration und des Friedens, in dem ich die Worte: „Dir wird eine weitere Mutter und ein weiterer Vater gegeben", hörte. Ein wahrhaft schönes Geschenk!

Danke!

# *Danksagung*

*M*ein Dank gilt meiner Frau Lency, die mich fortwährend anspornte, mich zu wandeln und zu lernen. Alles geht leichter durch Partnerschaft. Ich bin meinen Kindern Christopher und J'aime dankbar für den Schwung, den sie mir gaben. Ich danke Lency für das Geschenk des ersten Korrekturlesens. Ich danke Dr. Betty Sue Flowers, einer lieben Freundin, für den Schliff, den nur sie zu geben vermag, und Peggy Chang für ihre Hilfsbereitschaft und die Texterfassung.

Ich danke *„Ein Kurs in Wundern"* für die Bestätigung dessen, was ich von meinem Unterbewußten gelernt hatte, und dafür, daß er mich eine ganze Menge mehr lehrte. Mein Dank gilt meinen Studenten, Klienten und Freunden, die mich ein Leben lang mit Gelegenheiten zu lernen beschenkten.

# Inhaltsverzeichnis:                                    Seite

# Vorwort

Dieses Buch könnte das wichtigste Buch in deinem Leben werden. Es ist nicht als Buch gedacht, das man nur einmal durchliest, sondern als eines, das seinen Platz neben deinem Bett hat. Die hier vorgestellten Prinzipien sind klassische Prinzipien, die dir helfen werden, mit jedermann zurechtzukommen, selbst mit denjenigen, auf die du nicht gut zu sprechen bist. Sie werden dir eine beständige Stütze sein, nächste Woche, nächsten Monat und nächstes Jahr. Sie werden dir helfen, Problembereiche in deinem Leben in Bereiche zu verwandeln, in denen du Mühelosigkeit und ein „Fließen" erfährst, und sie werden die Qualität deines Lebens allgemein verbessern.

Diese Prinzipien sind die bedeutendsten Prinzipien, die ich kenne, und sie haben mir und tausend anderen Menschen geholfen. Wenn ich auf mein persönliches Leben zurückblicke, wünschte ich, daß ich diese Prinzipien in den kritischsten Zeiten meiner Vergangenheit gekannt hätte. Sie sind die grundlegenden Prinzipien, auf denen meine ganze Arbeit in meiner beruflichen Tätigkeit mit über 24 Jahren therapeutischer Erfahrung basiert. Als Eheberater sehe ich die meisten dieser Prinzipien für eine erfolgreiche Beziehung als ausschlaggebend an.

Diese Übungen kannst du mit absolut jedermann machen. Sie können zu verschiedenen Zeiten mit verschiedenen Personen durchgeführt werden. Jedesmal, wenn du den Inhalt dieses Buches anwendest, kannst du Probleme, die du mit verschiedenen Menschen hast, lösen; du kannst dadurch aber auch ganz natürlich die Qualität und Mühelosigkeit in deinem Leben verbessern. Das hast du und auch diejenigen, die dir nahestehen, verdient. Ich wünsche euch allen das Beste. Mögen alle deine Erfahrungen des „Neu-geboren-Werdens" mühelos sein und die Vision und die Liebe, die du als Ergebnis empfängst, zum Höchsten, das dir widerfahren kann, gehören.

# *Einführung*

*O*bwohl dieses Buch als spezielles Werkzeug zur Problemlösung konzipiert ist, stellt es außerdem die Mittel zur Verfügung, diese verwandelnden Prinzipien zu einem Lebensstil für dich zu machen. Je mehr sie angewandt werden, um so mehr werden sie Teil deines Lebens. Je mehr sie Teil deines Lebens werden, um so müheloser wird dein Leben.

Eine der tiefgründigsten klinischen Einsichten, die ich zusammen mit meiner Frau und aufgrund meiner Beratungsarbeit gewonnen habe, besagt, daß die Wurzel *jedes* Problems ein Beziehungsproblem ist. Durch Heilung des zugrunde liegenden Beziehungsproblems fallen die äußeren Symptome einfach weg. Das bedeutet, daß ein Geldproblem nicht lediglich ein finanzielles Problem ist, sondern ein Problem in den Beziehungen. Ebenso hat das Gesundheitsproblem seine Wurzeln in Beziehungen. Dies ist ein Kurs, der dich lehrt, die Art und Weise, wie du die Dinge betrachtest, zu verändern, denn wenn du deine Wahrnehmung veränderst, ändert sich dein Erleben. Und wenn du dein Erleben änderst, verändern sich deine Probleme.

Die Absicht dieses Buches besteht darin, den Menschen ein Mittel zur Verfügung zu stellen, damit sie das Höchste in ihren Beziehungen erreichen können, wobei beide Parteien gleichermaßen gewinnen, sowohl jetzt als auch in Zukunft. Dieses Buch vermittelt tatsächlich einen Lebensstil. Ich habe festgestellt, daß ich die Prinzipien dieses Buches aufgrund der Beschränkungen und Mißverständnisse um uns herum ohne weiteres jeden Tag für den Rest meines Lebens anwenden könnte.

Es handelt sich um oft überprüfte Prinzipien, die ich sowohl im persönlichen als auch beruflichen Bereich anwende. Wenn ich sie praktiziere, kann ich Frieden, Gnade und Glück erfahren – unabhängig von der Größe des Problems.

Dieses Buch umfaßt sowohl bewußte als auch unterbewußte Prinzipien und vielleicht eine völlig neue Art, auf die Welt zu schauen. Möglicherweise stellst du fest, daß dein Verstehen des Heilungsprozesses und seiner Auswirkungen wächst, je öfter du die Prinzipien des Buches bei unterschiedlichen Personen und Situationen heranziehst. Dabei können Gefühle und Begebenheiten auftauchen, die dir bisher verborgen waren, aber dennoch eine höchst zerstörerische Wirkung auf dein Leben hatten.

Zu guter Letzt ist dieses Buch eine Investition für dich selbst. So wie deine Beziehungen wachsen und sich wandeln, so reifst auch du. In dem Maße, wie du die Fähigkeit erlernst, Situationen, in denen du dich gefangen fühlst, zu verändern, in dem Maße wächst dein Vertrauen. Die Anwendung der Prinzipien und der Methoden führen dazu, daß das im Menschen latente Kraftpotential wirkungsvoll entfaltet wird.

Sei dir bewußt, daß ein äußerer Konflikt mit jemandem einen Konflikt im eigenen Denken und Fühlen widerspiegelt. Einige der Gefühle, die durch den Konflikt zum Vorschein kommen, sind in Wirklichkeit Gefühle, die zum inneren Konflikt gehören, aber aus Bequemlichkeit auf andere Menschen projiziert werden. Das Ziel ist, daß wir des Konfliktes im Inneren gewahr werden und uns bewußt werden, womit wir uns auseinandersetzen müssen.

Konflikte können auch einfach auf die Situation und die Menschen um uns projiziert werden, als hätten diese Probleme nichts mit uns zu tun. Wenn wir uns in einem Konflikt befinden, aber kein größeres Unbehagen spüren, handelt es sich um *Verleugnung*: Indem wir unser Problem unterdrücken, machen wir uns vor, daß wir kein Problem haben; wir halten es für das Problem eines anderen.

Wenn die Situation sich weiter verschärft, bewegen wir uns durch die *Verleugnung* in den *Widerstand*. Dieser Schritt dient der Vermeidung von Unbehagen, das sich auf eine Vielzahl von Arten zeigen kann, wie Schläfrigkeit, Ruhelosigkeit, Zweifel und körperliches Unbehagen. Während du dich mit diesem Buch und dem darin beschriebenen Heilungsprozeß beschäftigst, können diese jederzeit zum Vorschein kommen. *Es ist wichtig, diese*

*Phase als Widerstand zu erkennen, damit du nicht aufgibst und dich nicht entscheidest, nicht weiter zu machen.* Wenn du den Widerstand erkennst und ihn anerkennst, weißt du, daß du dich auf dem richtigen Weg im Heilungsprozeß befindest, und du bist bereit, nach dem nächsten Schritt Ausschau zu halten.

Der nächste Schritt ist *Schmerz*, der naturgemäß entsteht, weil wir Widerstand haben. Sich des Schmerzes, der in uns nagt und uns plagt, bewußt zu werden ist ein entscheidender Schritt im Heilungsprozeß. Aber er stellt auch eine Ebene dar, auf der man nicht verweilen darf. Gewöhnlich befindet sich unterhalb des Schmerzes irgendein Gefühl der *Schuld* und dann irgendeine Form der *Angst*, wobei jede der beiden Ebenen übersprungen werden kann, wenn du zu tieferen Ebenen übergehst.

Die drei hauptsächlichen unterbewußten Formen der Angst, die Teil eines jeden Problems sind, sind Angst vor Verlust, Angst vor dem nächsten Schritt und Angst vor Nähe. Sie sind in Wirklichkeit unterschiedliche Facetten derselben Angst, und wenn irgendeine davon geheilt ist, fällt das Problem weg. Dies ist der Fall bei jeder bedeutenderen Psychodynamik eines Problems. Sei also nicht überrascht, wenn Gefühle hochkommen oder sogar andere vergrabene Konflikte, während du auf deiner 30-Tage-Reise voranschreitest; das ist Teil des Heilungsprozesses.

Noch einmal sei dir bewußt, daß während dieser 30 Tage ein Prozeß abläuft. Der Prozeß, der durch die Art und Weise, wie du durch die Lektionen gehst, entsteht, vermittelt dir, was in Wirklichkeit mit dir los ist, während du durch dein Leben gehst. Wenn du das bewußt wahrnimmst, steht dir ein zusätzliches Werkzeug zur Verfügung, dich selbst zu verstehen und zu erkennen. Vielleicht möchtest du ein Tagebuch über deine Erlebnisse führen, das als Ort für deine Gedanken, Gefühle und dein Verständnis der Welt dient.

Mit der Zeit wirst du zu verstehen beginnen, daß die Art und Weise, „wie die Dinge laufen“, nicht einfach etwas ist, was dir geschieht. Während deine Wahrnehmungsfähigkeit wächst, entdeckst du, daß du in bezug auf das, was dir geschieht, eine Entscheidung hast. Dies geschieht auf sehr tiefsitzenden Ebenen, derer du dir aber bewußt werden kannst.

Die Entdeckung, daß du die Macht hast, den bestehenden Konflikt zu ändern, ist ein Anfang in diesem lebenslangen Prozeß der Übernahme von Verantwortlichkeiten, der Kraftentfaltung und des Lernens. Wenn du diese Prinzipien verkörperst, wirst du die Macht haben, Situationen sowohl für dich als auch für andere zum Besseren hin zu verändern.

Der Partner kann für dich jedermann sein, mit dem du eine Beziehung hast, sei es in einer Familie, in einer Geschäftsverbindung oder im Freundeskreis. Durch die Anwendung der in diesem Buch beschriebenen Prinzipien kannst du jede Beziehung verbessern oder heilen.

# 1. Dein Partner gehört zu deiner Mannschaft

Der wichtigste Aspekt in deinem Leben ist deine Einstellung, denn deine Einstellung bestimmt die Richtung, in der du voran schreitest. Sie bildet sich aus aufgrund fortwährender Entscheidungen, eine bestimmte Richtung einzuschlagen. Deshalb ist es höchst wichtig, daß du einen Lebensstil wählst, der auf Geben, Erneuerung, Verjüngung und Erfüllung ausgerichtet ist. Andernfalls sind die Aussichten, Liebe und Glück kennenzulernen, mager.

Das Leben mag wie ein Kampf erscheinen, bei dem du für deine Familie kämpfst, während die Menschen außerhalb deiner Familie dich und deine Sicherheit bedrohen. Wenn du dich für eine solche Einstellung entscheidest, wird diese sich auch unmerklich (oder nicht so unmerklich) in deine Familie und deine Partnerschaft einschleichen. Du wirst vor dem Konkurrenzdenken, dem Machtkampf und der Angst, die du so offenkundig außerhalb deiner Familie beobachtest, nicht sicher sein. Deshalb ist es höchst wichtig, sich für eine Einstellung zu entscheiden, die deinen Partner, deine Familie und die Welt draußen unter dem Gesichtspunkt der Einheit betrachtet.

Die spirituelle Einsicht, „seine Feinde zu lieben", wurde von Christus auf die Erde gebracht; sie ist jedoch als Prinzip für psychische Heilung und zur Transformation von Situationen wenig anerkannt und noch weniger praktiziert worden. Du hast die Möglichkeit, deine Feinde zu deinen Verbündeten, deinen Mannschaftskameraden und sogar zu deinen Rettern zu machen. Diese Einstellung ist die höchstmögliche, die du in der Begegnung mit deinen Mitmenschen einnehmen kannst. Wenn es dir wirklich gelingt, einen Menschen in deinem Leben zu deinem Verbündeten zu machen, werden gleichzeitig alle deine anderen Beziehungen tragfähiger und heilsamer.

Die Probleme, die du mit den Mitmenschen hast, stellen eine Lektion dar, die du lernen solltest. Als Ergebnis wird dein Reifungsprozeß beschleunigt und dein Vertrauenspotential, deine Kontaktfähigkeit und deine Fähigkeit zu empfangen, vergrößert. Das Erlernen der Lektion, einen scheinbaren Feind zu einem wichtigen Verbündeten zu machen, fördert deine Führungsqualitäten, vergrößert deine Kraft und trägt wahrlich zum Weltfrieden bei (wenn wir nicht mit unseren Mitmenschen, gar aus der eigenen Familie, zurechtkommen, wie kann es dann irgendwelche Hoffnung auf Weltfrieden geben?).

In der Physik hat die Chaostheorie erkannt, daß das Schlagen eines Schmetterlingsflügels im Dschungel des Amazonas den Hurrikan im Atlantik auslösen kann; alles ist mit allem verbunden. Rupert Sheldrake hat mit seinem Konzept der „morphogenetischen Felder" erkannt, daß die Fortentwicklung des Bewußtseins einzelner die gesamte Spezies beeinflußt.

Durch meine Arbeit mit der Tiefenpsychologie habe ich den Beweis dafür immer wieder gefunden, sowohl innerhalb als auch außerhalb der Therapiesitzungen und Seminare. Hunderte Male haben mir die Teilnehmer meiner Seminare, die sich auf irgendeine Weise geheilt haben, bestätigt, daß sie bei der Rückkehr nach Hause feststellten, daß ihr Partner, ihre Kinder, ihre Eltern oder ihre Schwiegermutter sich verändert hatten.

Es ist möglich, die Welt um dich herum zu ändern, indem du dich selber änderst. Dieses Buch ist ein praktisches Mittel, um genau das zu tun. Es stellt dir die Werkzeuge zur Verfügung, aber du mußt die Bereitschaft und die Einstellung mitbringen, die Welt um dich herum verändern zu wollen. Dies erfordert von dir, deine Position aufzugeben. Wann immer du eine Position einnimmst, hängst du fest und bist unfähig zu lernen, weil du auf unterbewußter Ebene einen inneren Konflikt verbirgst. Du kannst all dies verändern, wenn du bereit bist zuzugeben, daß du in dieser Situation unrecht hast. Denn wenn du recht hättest, entspräche das genau der Vorstellung, die du über einen Mitmenschen hast, mit dem du gerade zurechtkommen willst, das heißt, wenn er genau so ist, wie du behauptest, dann hängst du in der Situation fest.

Einer der größten Fehler in Beziehungen besteht darin, so zu handeln, als ob die andere Person auf der Welt wäre, um diese Bedürfnisse zu erfüllen, um dich glücklich zu machen und um die Dinge auf deine Weise zu tun. Du kannst dich nur dann über jemanden ärgern, wenn er nicht nach dem Drehbuch lebt, das du ihm zugeschrieben hast; du kannst nur ärgerlich sein, wenn er sein Leben nicht deinen Erwartungen entsprechend lebt. Das ist ein Mißbrauch von Beziehungen. Dadurch werden Menschen zu reinen Objekten gemacht, lediglich zu Schauspielern und Schauspielerinnen in dem Stück, in dem du der Star, Direktor und Produzent bist. In Wirklichkeit kann niemand sich falsch verhalten oder dich sogar verraten. Die anderen Menschen verhalten sich nur einfach nicht in der Weise, die du ihnen zugeschrieben hast. Sie spielen einfach nicht die Rolle, die du ihnen stillschweigend oder nicht so stillschweigend zugeteilt hast.

Um diese Lektion zu lernen, muß als Voraussetzung eine Haltung der Bereitwilligkeit und der Kraft zur Veränderung vorhanden sein. Es beinhaltet die Entscheidung, das Leben auf andere Art zu sehen, nicht länger das Opfer in Beziehungen zu sein. Deine Einstellung zu ändern heißt dein Leben ändern. Deine Einstellung bestimmt deine Erfahrungen und deine Sicht der Welt. Deine Einstellung bestimmt deinen Erfolg und dein Glück. Wie glücklich bist du im Leben? Vielleicht gibt es doch noch etwas für dich zu lernen. Vielleicht ist dies der Zeitpunkt, noch einmal mit dem Prozeß des Lernens und Wachsens zu beginnen.

Während du die Lektionen dieses Buches durchgehst, ist es wichtig, dich selbst und jedermann zu achten. Es ist wichtig, daß du dich nicht wie ein Sündenbock selbst opferst oder dich als Prellbock benutzen läßt. Diese Prinzipien haben bereits einige Fälle von schweren Konflikten in weniger als einer Stunde gelöst; es ist wichtig, deine Fähigkeit zu erkennen, mit bestimmten Situationen zurechtzukommen. Während die Mehrzahl der hier beabsichtigten Veränderungen innere Veränderungen sind (die zu äußeren Veränderungen führen), gibt es bestimmte Situationen, in denen auch äußere Veränderungen erforderlich sind,

um Mißbrauch vorzubeugen. Benutze dein Unterscheidungsvermögen, um den Unterschied zu erkennen, und verbleibe nicht in
Situationen, in denen du körperlicher Bedrohung ausgesetzt bist.
Diese Prinzipien dienen dazu, deine Kraft zu entfalten und dich in
deiner Entwicklung zu unterstützen. Sie sind nicht dazu da, um
dich weiterhin versklaven zu lassen. Wenn du diesen Prinzipien
vertraust und darüber hinaus Unterscheidungsvermögen anwendest, wird alles zum besten werden.

# Übung

*Fälle heute die Entscheidung, daß dein Partner zu deiner Mannschaft gehört. Beginne, ihn als lebenswichtigen Teil deines Glücks zu sehen. Wenn er verliert, verliert die Mannschaft. Wenn er verliert, mußt du die Rechnung bezahlen. Das Leben ist ein Mannschaftssport. Es gibt keinen Bereich, in dem die Wechselbeziehungen von Partnerschaften kein bestimmender Faktor sind. Dein Partner muß gewinnen, und du mußt gewinnen, damit als Ergebnis schließlich Glück herauskommen kann.*

*Wenn du glaubst, daß er verlieren muß, damit du gewinnst, mußt du selbst im Spiel des Lebens zumindest die halbe Zeit verlieren, damit deine Gewinn-Verlust-Einstellung fortbestehen kann. Es mag sein, daß du nicht ihm gegenüber verlierst, aber auf irgendeine Weise wirst du verlieren. Es ist an der Zeit zu lernen, wie du ein guter Mannschaftsspieler wirst. Eine Anzahl von Menschen, die zusammen ein gemeinsames Ziel anstreben, können um ein Vielfaches mehr erreichen als ein einzelner für sich. Triff eine neue Entscheidung. Wenn du beständig auf Gewinn spielst, statt deinen Partner besiegen zu wollen, wirst du bei deinem Reifeprozeß und in der Entfaltung deiner Kraft Fortschritte machen. Diese Entscheidung ist gegen Ende der Lektionen unumgänglich. Besser ist es, wenn du sie schon zu Beginn fällst.*

*Im Laufe dieses Reifeprozesses lernen wir als erstes, erfolgreiche Beziehungen mit Menschen zu haben. Dann lernen wir, wie wir eine erfolgreiche Beziehung haben können, die uns wichtig ist. Zum Schluß lernen wir, wie wir als Teil einer Gruppe leben, lernen und arbeiten können. Deine Einstellung und die Reinheit deines Herzens sind wahrscheinlich die beiden wichtigsten Aspekte bei diesem Wachstums- und Reifeprozeß.*

## 2. Zuversicht verändert alles zum Vorteil

Daß wir Probleme haben, liegt daran, daß unser Geist gespalten ist. Der bewußte Geist möchte voranschreiten, aber der unterbewußte Geist befürchtet, etwas zu verlieren, an das er gebunden ist. Wir projizieren dann den unterbewußten Teil auf eine Person oder Situation, die uns dann zu behindern scheint. In Wahrheit ist die Behinderung lediglich die äußere Manifestation unseres eigenen inneren Zwiespaltes. Das drückt sich als Mangel an Vertrauen aus.

Wenn Vertrauen vorhanden ist, werden problematische Situationen als etwas angesehen, mit dem man lediglich „umgehen" muß. Es ist diese Zuversicht, die das Vertrauen erzeugt. Zuversicht hat nichts mit Naivität zu tun, bei der Informationen oder Intuitionen geleugnet werden. Zuversicht nimmt sich der ganzen Situation an, ganz gleich, wie negativ sie anscheinend ist, und beginnt, sie zum Vorteil zu verändern. Denn Zuversicht bedient sich – wie Glauben – der Macht deines Geistes, damit die Situation sich in positiver Weise entfalten kann. Zuversicht weiß, daß die Situation in deinem Sinne arbeitet, unabhängig davon, wie sie aussieht. Dieses Wissen erlaubt es dir, jede Situation als vorteilhaft und nützlich anzusehen.

Zuversicht ist das Gegenteil von Kontrolle oder Machtkampf. Sie versucht nicht, irgend jemanden zu verändern, damit er unsere Bedürfnisse erfüllt oder die Dinge auf unsere Art tut. Wenn Kontrolle jemals in der Geschichte der Menschheit erfolgreich gewesen sein sollte, so ist es nicht wahrscheinlich, daß sie zum gegenwärtigen Zeitpunkt erfolgreich ist. Selbst dann, wenn wir gewinnen und die Menschen um uns die Dinge nach unserer Vorstellung tun, verlieren sie ihre Attraktivität und begeben sich in die Opferrolle. Wenn sie ihre Attraktivität verlieren, verlieren wir ebenfalls, und es entsteht in uns das Gefühl, genau wie sie Opfer zu sein. Wenn jemand verliert, wird er den richtigen Augenblick abwarten, bis er den erneuten Versuch starten kann, zu gewinnen und wieder oben zu sein. Zuversicht dagegen erlaubt jedermann zu gewinnen. Zuversicht ist eines der ursprünglichen Heilungsprinzipien. Es gibt kein Problem, das nicht durch Zuversicht geheilt werden könnte.

# Übung

Lenke heute deine ganze Aufmerksamkeit auf deinen Partner und auf alles, was er tut. Wenn du anfängst, ihn und seinen Handlungen zu trauen, beginnen selbst die scheinbar böswilligen Handlungen in deinem Sinne zu arbeiten. Zuversicht bringt dich und die Situation voran.

Es mag sein, daß du in deinem Inneren Gefühle wie Angst, Groll, Schmerzen usw. bemerkst, wenn du beginnst, dich mit dem Gedanken anzufreunden, ihm zu vertrauen. Vertraue deinem Instinkt, wenn du beobachtest, was er tut, und den Gefühlen, die in dir hochsteigen. Dies sind die Gefühle, die dein Vertrauen blockieren und verhindern, daß die Situation sich entfaltet. Verleugne diese Gefühle nicht; nimm sie deutlich wahr. Stelle dir dann vor, daß du deine Zuversicht und deine ganze Geisteskraft hernimmst und sie durch diese Gefühle hindurch zu deinem Partner und zu der Situation sendest.

Vielleicht stellst du fest, daß die Emotionen stärker werden, wenn du das tust. Das ist ein natürlicher, wenn auch nicht notwendiger Teil der Heilung. Fahre fort, deine Energie und die Kraft deiner Zuversicht durch diese Gefühle hindurch zu deinem Partner zu senden, bis sie verschwunden sind und ein Gefühl des Friedens dich überkommt.

Sende jedesmal, wenn du an deinen Partner denkst, Zuversicht aus. Du brauchst nicht zu wissen, auf welche Weise die Situation sich möglicherweise verbessern könnte, denn es ist nicht deine Aufgabe, die Situation zu verbessern. Es ist deine Aufgabe, deine Zuversicht zu senden, bis du Frieden spürst. Es mag sein, daß du durch viele Gefühlsschichten hindurchgehen mußt. Wenn das geschieht, ist das sehr heilsam. Wenn nicht, wird die Heilung beträchtlich erleichtert. Zuversicht, richtig angewendet, kann die Situation völlig verändern. Sende mindestens dreimal täglich deinem Partner Zuversicht, vor allem jedoch jedesmal, wenn du an ihn denkst, bis du Frieden spürst.

20

## 3. Betrachte deinen Partner im gegenwärtigen Augenblick

$\mathcal{D}$ie Vergangenheit ist vorbei. Sie existiert nicht, es sei denn, du hältst sie am Leben. Vergangenheit, die du am Leben erhältst, ist eine Vergangenheit, die einen Zweck für dich erfüllt. Du benutzt diese Vergangenheit auf eine bestimmte Weise, um dein Verhalten in der Gegenwart zu rechtfertigen.

Wenn du die Vergangenheit losläßt, wirst du von ihren negativen Wirkungen befreit. Die meisten Menschen leben überhaupt nicht in der Gegenwart. Wenn sie es täten, wären sie glücklich. In der Zukunft leben heißt, in Angst leben. In der Vergangenheit leben heißt, sich schuldig, schlecht und wertlos fühlen. Mindestens 98 Prozent der Schmerzen, die du empfindest, sind alte Schmerzen, die du in die Gegenwart gezerrt hast. Auch wenn es so aussieht, als ob sie in der Gegenwart hochkommen, sind es in Wirklichkeit alte Schmerzen, die lediglich durch irgend etwas, was jetzt geschieht, wieder ausgelöst werden.

Die alten Schmerzmuster warten darauf, ausgegraben und geheilt zu werden. Jemanden im gegenwärtigen Augenblick zu betrachten, heißt, ihn so zu sehen, als ob du ihm heute zum ersten Mal begegnen würdest. So ist es dir nicht möglich, die Vergangenheit gegen ihn zu verwenden. Es erlaubt dir, ihn in einem neuen Licht zu sehen, und es gestattet ihm zu zeigen, daß er gewachsen ist.

Wenn du also glaubst, einen Partner zu haben, der das ist, wofür du ihn hältst (einer, mit dem du Probleme hast), dann bedeutet das, daß in deinem Geist auf unterbewußter Ebene bereits ein Muster existierte, in das er paßt. Dies ist ein Weg, die Vergangenheit in die Gegenwart zu zerren. Wir bringen jedes unerledigte Geschäft, das wir mit irgendeinem uns wichtigen Menschen aus der Vergangenheit hatten, z. B. mit Eltern, Geschwistern, alten Liebhabern usw., in unsere gegenwärtigen Beziehungen hinein, damit es verarbeitet werden kann. Der Geist erzeugt fortwährend bestimmte Situationen, damit letztlich Heilung geschieht.

Eine andere Weise, dieses Thema zu betrachten, ist folgende: Dadurch, daß wir das Problem der Vergangenheit bisher nicht gelöst haben, tendieren wir dazu, die Gegenwart mit den Augen der Vergangenheit wahrzunehmen. Dies führt dazu, daß wir die Dinge in Wirklichkeit wie durch ein dunkles Glas wahrnehmen und uns so verhalten, als ob die Art und Weise, wie wir die Dinge in der Gegenwart betrachten, die Art und Weise ist, wie die Dinge tatsächlich sind. *Im Gegenteil:* Frieden und Glücksempfinden sind die besten Anzeichen dafür, daß wir die Dinge klar sehen, ohne Einmischung aus der Vergangenheit.

Die meisten Menschen leben in einer Weise, daß die Vergangenheit bestimmt, wie die Gegenwart zu sein hat. Die Software unseres Biocomputers holt die Vergangenheit immer und immer wieder in die Gegenwart herein. Dies läßt uns nicht viel Spielraum für neue Möglichkeiten oder Entscheidungen. Unsere Gegenwart wird von unserer Vergangenheit als Geisel gehalten. Nur dadurch, daß wir die Vergangenheit hinter uns lassen, haben wir eine Chance, glücklich zu sein. Es ist in Wirklichkeit nur die Vergangenheit, die wir heilen müssen. Es ist in Wirklichkeit nur die *Wahrnehmung* der Vergangenheit, die nach Heilung ruft.

# Übung

1. Konzentriere dich heute darauf, deinen Partner in einem neuen Licht zu sehen, in der Gegenwart. Auch wenn du heute den Tag mit ihm zusammen verbringst, laß jeden Moment so vergehen, wie er vorübergeht, und sieh nur die Gegenwart. Groll bezieht sich nur auf die Vergangenheit, niemals auf die Gegenwart.

2. Frage dich, was dich an deinem Partner so stört. Wer verhielt sich in der Vergangenheit so? Frage dich, ob du dich selbst tadeln würdest, wenn du das gleiche tätest. Wenn die Antwort „nein" lautet, seid ihr alle vom Zyklus von Tadel-Schuld, der das Problem erzeugt, befreit.

3. Wenn du diesen Groll nicht loslassen kannst, frage dich, ob du selbst dich jemals so verhalten hast. Wenn ja, frage dich, was du gefühlt haben mußt, um in dieser Weise zu handeln. Würdest du dich für das Verhalten tadeln, wenn du wüßtest, wodurch es erzeugt wird?

4. Wenn du dich niemals so verhalten hast, frage dich, was du für ein Gefühl haben müßtest, um auf diese Weise zu handeln. Welches Gefühl auch immer dich dazu bringen würde, dich so zu verhalten, du hast es wahrscheinlich früher gefühlt. Kannst du sehen, was dein Partner fühlen muß, um sich so zu verhalten? Du hast dieses Gefühl gekannt und weißt, wie schwer es zu ertragen ist. Du verstehst dieses Gefühl. Könntest du einen von euch beiden dafür tadeln?

## 4. Du benutzt deinen Partner,
## um den nächsten Schritt nicht tun zu müssen

In jedem Machtkampf haben in Wirklichkeit beide Seiten Angst voranzuschreiten, und so kämpfen beide Seiten, damit die Dinge so laufen, wie sie wollen. Jeder kämpft, um die Kontrolle zu behalten, da er zu wissen glaubt, daß sein Weg der beste ist. Beide Seiten sind nicht willens, in Betracht zu ziehen, daß es äußerst wichtig für sie ist, eine neue Integration, eine neue Antwort zu finden.

Wir geraten mit anderen Menschen in Konflikt, wenn wir versuchen, sie dahin zu bringen, unsere Bedürfnisse zu befriedigen, die Dinge so zu tun, wie wir es wollen. Dies schafft Konkurrenzkampf, der wiederum eine Verzögerung im Wachstum verursacht. Wir können nicht loslassen, weil der andere als Quelle unseres Glücks betrachtet wird. Gewinnen bedeutet alles. Aber wenn beim Konkurrenzkampf einer gewinnt, dann muß er auch denjenigen, der verliert, mittragen. Im Kampf richtet sich die Aufmerksamkeit darauf, den anderen zu schlagen, statt weiterzugehen, wobei beide gleichermaßen gewinnen könnten.

Die Einstellung von Gewinn-Verlust schafft Verzögerung. Nur wenn die Einstellung Gewinn-Gewinn lautet, gibt es keinen Rückzug, keine Sabotage oder größere Abhängigkeit. Machtkampf verdeckt die Abhängigkeit, die beides, sowohl Nähe als auch Weiterentwicklung, blockiert. Diese Abhängigkeit kann sich auf einen Menschen, einen alten Traum, einen Lebensstil oder auf eine Sache beziehen, die wir aus irgendeinem Grunde als Quelle unseres Glücks betrachten, und so haben wir Angst loszulassen. Die Abhängigkeit aber kann uns niemals zufriedenstellen.

Zunächst erschwert unser Bedürfnis nach dem, woran wir haften, es außergewöhnlich, Erfolg zu haben, und macht es unmöglich zu empfangen. Selbst wenn wir bekommen, was wir brauchen, fühlen wir uns irgendwie desillusioniert. Es reicht nicht, uns lange zufriedenzustellen. Dann suchen wir entweder eine neue Abhängigkeit, oder es entsteht das Gefühl, aufgrund der Enttäuschung sterben zu müssen. Machtkämpfe verbergen nicht nur die Tatsache der Anhaftung, sondern blockieren unser Wachstum und verhindern das Auftauchen einer neuen Ebene der Intimität.

Wenn wir Angst haben und es uns an Mut mangelt, wenn wir nicht das Vertrauen haben, ja zum nächsten Schritt zu sagen, weil er unbekannt ist, ist es sehr bequem, eine Entschuldigung zu haben, damit ja niemand auf die Idee kommt, uns dafür zu tadeln, daß wir nicht zu einer neuen Phase der Reife voranschreiten. Da wir uns ja in einer schrecklichen Zwangslage einer uns kränkenden Person gegenüber befinden, brauchen wir wenigstens nicht unsere Ängste anzuschauen. Wenn wir unsere Ängste anschauen und mit Zuversicht „ja" zum nächsten Schritt sagen würden, obwohl wir nicht wissen, welcher das sein wird, könnten wir in eine neue Phase der Partnerschaft und des Wachstums für alle Beteiligten eintreten und zu einer neuen Ebene des Erfolgs für alle Betreffenden voranschreiten.

# Übung

1. *Frage dich heute einfach, an welcher Abhängigkeit du fest-hältst, um in diesem Konflikt zu bleiben, und beobachte, was in deinen Sinn kommt. Wenn dir nichts in den Sinn kommt, ist es offensichtlich, daß du etwas nicht in Betracht ziehst, oder deine Abwehr ist zu ausgeprägt, um es wahrzunehmen. Verbringe einige Zeit damit, über dieses Thema nachzusinnen, und beob-achte, was auftaucht.*

2. *Eine Abhängigkeit tauscht falschen Glanz und Pracht gegen das ein, was uns wirklich glücklich machen würde. Es ist immer etwas außerhalb von uns, das wir als Krücke benutzen, um bestimmte Bedürfnisse erfüllt zu bekommen. Erfüllung jedoch kommt immer von dem, was du gibst/empfängst, nicht von dem, was du nimmst oder bekommst. Erforsche heute, ob diese Abhängigkeit dich wirklich glücklich macht.*

3. *Sei willens, deinen Partner nicht dazu zu benutzen, Schritte nach vorne zu vermeiden. Sei willens, ihn nicht zu benutzen, um deine Angst vor dem nächsten Schritt zur Intimität hin zu verbergen. Schreite voran! Sag JA zum nächsten Schritt, und erwarte aufgeschlossen die neue Ebene, die auf dich zu-kommen wird; dies wird für jeden Beteiligten besser sein.*

## 5. Vergib, um dieses Problem zu heilen

*V*iele Menschen scheuen sich zu vergeben, weil Vergebung für sie bedeutet, Opfer zu bleiben. Sie haben Angst, daß der andere fortfährt, das zu tun, was sie selber tun. Dennoch ist Vergebung das Mittel, das die Wahrnehmung und die Erfahrung verändert; sie kann selbst das Muster, das dir dieses Problem bescherte, verändern. Vergebung bedeutet nicht Opfer, sie bedeutet Verwandlung und Frieden.

Was du deinem Partner vorwirfst, kommt von deinen Urteilen und deinem Ärger über ihn. Doch nur die Schuldigen tadeln. Die Unschuldigen sehen nichts, was zu verurteilen wäre. Wenn wir uns schuldig fühlen, unterdrücken wir bei dem Versuch, Leiden zu vermeiden, dieses Gefühl und projizieren es nach außen auf jemand anderen. So halten wir anderen Menschen vor, was wir an uns selbst verurteilen. Unser Groll gegenüber anderen Menschen und unsere Projektionen auf andere eröffnen uns den Zugang zu Konfliktbereichen in unserem Inneren, die uns auf irgendeine Weise behindert haben. Es kann sein, daß wir in unserem Leben sehr schwer arbeiten, ohne viel Erfolg zu haben, weil diese vergrabenen unterbewußten Elemente wie eine unsichtbare Barriere wirken, die uns vom Erfolg abhält.

Anderen zu vergeben löst unsere vergrabene Schuld auf. Anstatt also deinen Partner zum Sündenbock zu machen und die Gelegenheit zu verpassen, verborgene Konflikte zu heilen, triff heute die Wahl, das zu tun, was euch beide erlösen wird. Wenn du fortfährst, ihn zu beurteilen, wirst du in dem, was du beurteilt hast, feststecken bleiben.

Kampf, Urteil oder Groll halten dich genau in dem Verhalten fest, das du eigentlich ablehnst. Was immer dein Partner auch tun mag, es ist ein Hilferuf, der aus seiner körperlichen und seelischen Belastung resultiert.

Unsere Belastungen machen uns auf einen Irrtum aufmerksam, den wir in einer bestimmten Situation durch unseren Widerstand gegen sie begehen. Wir können Widerstand als Signal betrachten, daß Vergebung erforderlich ist, oder wir fahren fort, unter dem anstehenden Problem zu leiden. Unser Urteil über das Verhalten in der Situation blockiert uns, genau das zu tun, was wir verurteilen, oder es hält uns, als eine Art Kompensation, in genau der entgegengesetzten Verhaltensweise fest, die lediglich eine Rolle ist. Unglücklicherweise erlauben solche Rollen uns nicht, zu empfangen, und verstärken deshalb Gefühle mangelnden Lebensgeistes und der völligen körperlichen und seelischen Erschöpfung.

Vergebung schützt deine Rechte und deine Freiheit, indem sie deine unterbewußte Schuld auflöst. Vergebung verändert die Situation, indem sie die Wahrnehmung verändert. Vergebung stellt die Unschuld eines jeden Menschen wieder her, auch die deinige.

# Übung

1. *Liste drei Formen des Grolls auf, die du gegen deinen Partner hegst. Frage dich bei jeder Form, würde ich diesen Groll gegen mich hegen wollen?*
*Wenn die Antwort nein lautet, seid ihr beide frei.*

2. *Lenke deinen Willen zur Vergebung auf den Teil deines Geistes, der alle Antworten hat – dein Höheres Selbst. Jedesmal, wenn du an deinen Partner denkst, sollst du wissen, daß die Vergebung für dich vollzogen wird. Freue dich an den Ergebnissen.*

## 6. Dein Groll ist eine Form der Kontrolle

Groll ist eine Form der Kontrolle. Es ist ein Versuch, einen anderen Menschen dazu zu bringen, so zu handeln, wie du es möchtest, ... um deine Bedürfnisse dadurch zu befriedigen, daß der andere so handelt, wie es deinen Vorstellungen entspricht. Dies gibt dir das Gefühl der Sicherheit und des Wohlbefindens.

Groll ist eine Form von Angriff, den wir als berechtigt ansehen, weil der andere uns scheinbar zuerst durch das, was er getan oder nicht getan hat, angegriffen hat. Dies erlaubt und rechtfertigt dann unseren Angriff. Groll ist jedoch eine Verteidigung, die tiefere Gefühle wie Schuld, Verletzung, Angst, Traurigkeit usw., mit denen wir uns nicht befassen wollen, verbirgt. Groll hält eine Situation als Machtkampf aufrecht und dient daher der Vermeidung dessen, was durch die Situation gelöst werden könnte.

Groll vermittelt uns das Gefühl, daß wir völlig recht haben, in dieser Weise zu fühlen und zu handeln, wobei ein anderer für unsere Gefühle getadelt werden muß. Diese Form der Unreife blockiert die Fähigkeit zuzuhören, zu lernen, zu empfangen und sich zu verändern.

Unser Groll kann sich in unterschiedlichen Formen äußern. Er kann sich als direkter Angriff, passive Aggression, Rückzug, Beklagen oder Leiden äußern. Alle diese Formen sind ein Versuch, Kontrolle zu erlangen, statt ein Mittel zu sein, aus der bestehenden Situation zu lernen und sich zu verändern. Selbst wenn es dir gelingt, durch deinen Groll die Kontrolle zu behalten, hat das aber zur Folge, eine wertvolle Lektion aufzuschieben, die gelernt werden möchte. Eine Lektion aufzuschieben bietet die Möglichkeit, sie in einem späteren Versuch noch einmal lernen zu können; dagegen führt die Bereitschaft, jetzt eine Lektion zu lernen, zu größerem Vertrauen. Mangelndes Vertrauen erzeugt das Bedürfnis zu kontrollieren und führt zu Ärger in seinen mannigfachen Formen.

Groll verbirgt immer eine Ebene der Angst, wobei der Betreffende seinen Angriff als gerechtfertigt ansieht. Da Angst immer Angst vor Verlust ist, verbirgt Angst auch ein Bedürfnis, an dem wir festhalten und dessen Befriedigung wir anstreben wollen. Wir ziehen es vor zu kämpfen, statt das verborgene Bedürfnis aufzugeben, von dem wir glauben, daß es uns Glück bringen wird. Abhängigkeit jeder Art jedoch führt immer zu Schmerzen oder Enttäuschung und ist imstande, die Wahrheit ins Gegenteil zu verkehren. Unsere Abhängigkeiten verbergen ein Bedürfnis, das zu nehmen versucht, aber nicht in der Lage ist zu empfangen. Sie führen uns oft in Situationen, in denen wir verletzt werden, weil wir nur geben, um zu bekommen. Diese Form des Vampirismus bewirkt, daß wir von anderen Menschen zurückgestoßen werden und uns dadurch wiederum verletzt und verärgert fühlen.

Dein Groll erlaubt dir nicht voranzuschreiten, denn er treibt dich dazu zu versuchen, die äußere Situation durch deine Kontrolle zu verändern. Dies dauert immer länger und ist in Wirklichkeit niemals erfolgreich. Wie gut du als Kontrolleur auch sein magst, so weißt du dennoch, daß du in der Kontrolle anderer Menschen über die Jahre hinweg nicht allzu erfolgreich warst. Selbst wenn du das Kontrollspiel einmal gewonnen hast und dein Partner verloren hat, verlor dieser dadurch auch seine Attraktivität. Wenn du einen unattraktiven Partner hast, bedeutet das, daß auch du verloren hast.

Um die Welt um dich herum wirklich zu verändern, mußt du dein Denken verändern. Wenn dir das bis zur unterbewußten Ebene gelingt, hat das zur Folge, daß die betreffende Person oder Situation sich verändert, ohne daß du Kontrolle ausüben oder sie dominieren mußt.

Der Versuch zu kontrollieren bedeutet: Wir wissen, was das Beste für alle ist. Unser Groll bedeutet, daß wir die Antwort zu kennen glauben. Diese Einstellung heißt bestenfalls, falsch informiert zu sein, und ist schlimmstenfalls lächerlich. Wir brauchen uns nur unseren eigenen „Bahnrekord" für Glück anzuschauen, um festzustellen, wie wenig wir über das wissen, was unserem eigenen besten Interesse dient.

Unsere Fähigkeit, das ganze Bild wahrzunehmen, ist begrenzt, besonders in bezug auf uns selbst. (Selbst unsere Visionäre sehen nur eine Scheibe des Ganzen.) Dennoch gibt es den Teil unseres Geistes, der uns mit Antworten inspirieren und die Situation weit über unser normales Denken hinaus entfalten kann, wenn er nicht durch unsere begrenzte Persönlichkeit und Bedürfnisse eingeschränkt wird.

# Übung

*Sei heute willens zu erkennen, daß dein Groll einfach nicht funktioniert. Mache einen Schritt zur Reife hin; einen Schritt zu erkennen, daß Groll niemals und Verzeihung immer gerechtfertigt ist.*

*Betrachte dich, wie du die Entscheidung triffst, einen Schritt vorwärtszugehen, so daß beiden, deinen Bedürfnissen und den Bedürfnissen deines Partners, auf völlig neue Weise entsprochen werden kann. Betrachte dich, wie du zu einer neuen Ebene des Erfolgs weiterschreitest. Fühle das Vertrauen, das mit dem Voranschreiten zu einer neuen Ebene entsteht. Niemand von uns weiß, wie dieser Schritt aussieht, bevor wir ihn tun, aber wenn wir voranschreiten, wird immer alles besser.*

*Du kannst deinen Partner als Maßstab dafür benutzen, wieviel Heilung noch in deinem Inneren benötigt wird, statt ihn als Entschuldigung zum Kämpfen zu benutzen und als Vorwand, nicht voranschreiten zu müssen. Selbst wenn dein Partner deiner Meinung nach dumm oder sogar bösartig handelt, hält dein Groll dich auf seiner Ebene und in seiner Wirklichkeit fest und verhindert eine Gelegenheit zum Wachsen und zum Lernen. Dein Groll ist eine Reaktion, die dich einsperrt. Wenn du statt dessen eine empfangsbereite Haltung einnimmst, die die Reinheit des Herzens mit sich bringt und die immer der Kern deiner fortwährenden Entwicklung, deines anhaltenden Glücks und deiner Freude ist, wirst du frei.*

## 7. Dein Groll verbirgt tiefere Gefühle

Groll ist ein defensives Gefühl, das dem Zweck dient, tiefere Gefühle wie Verletzung, Schuld, Antriebslosigkeit, Angst und Frustration zu verbergen. Wenn du dir selbst erlaubst, das tiefere Gefühl zu erkennen und es zu spüren, schwindet der Groll, der entweder zu Angriff oder Rückzug geführt hat. Wenn wir uns selbst erkennen wollen, können wir eine Einstellung der Bereitwilligkeit wählen, unsere ursprünglichen Emotionen zu erleben und sie aufzulösen. Noch einmal: Die meisten, wenn nicht alle Gefühle, die unter unserem Groll verborgen sind, befinden sich dort seit langer Zeit, lange bevor wir unserem Partner begegneten.

Es ist ein Schritt zur Integrität, die Emotionen, die in uns vergraben sind, erkennen zu wollen. Wir tragen sie seit vielen Jahren in uns, wenden Energie für sie auf und halten sie dennoch nicht immer unter Kontrolle. Sie führen uns immer in Situationen, in denen sie ausgelöst werden, um aufgelöst zu werden. Dann müssen wir eine wichtige Entscheidung treffen: Entweder benützen wir die Situation als Gelegenheit zu lernen und zu heilen, so daß wir dadurch für wesentlichere Lernschritte und für mehr Erfolg bereit werden, oder wir benutzen unsere Gefühle als Rechtfertigung, andere anzugreifen. Nur diejenigen, die sich selbst schuldig fühlen, klagen oder greifen andere Menschen an. Die Geheilten und Unschuldigen haben kein Bedürfnis, ihren Lern- und Wachstumsprozeß auf diese Weise zu behindern.

Wenn du anfängst, die Emotionen in deinem Inneren zu entdecken, beginnst du auch deine dich selbst zerstörenden Muster zu entdecken. Wenn du deine dich selbst zerstörenden Muster entdeckst, findest du deine Selbstkonzepte. Selbstkonzepte sind entweder positiv oder negativ.

Positive Selbstkonzepte sind Kompensationen für negative Gefühle in bezug auf uns selbst. Sie versuchen zu beweisen, daß wir in Wirklichkeit gute Menschen sind. Aber in dem Maße, in dem wir damit beschäftigt sind, unser Gutsein zu verbessern, sind unsere negativen Selbstkonzepte betroffen; du versuchst nur das zu beweisen, was du nicht so ganz glaubst.

Die negativen Selbstkonzepte versuchen ebenfalls, etwas zu beweisen. Sie sind darauf aus zu beweisen, daß wir in Wirklichkeit nicht gut oder mächtig oder Kinder Gottes usw. sind. Sie verteidigen den Glauben an unsere eigene Schuld und daran, daß wir böse sind. Sie sind ebenfalls eine Kompensation auf einer viel tieferen Ebene, um unser wahres Gutsein und unsere Ganzheit zu verbergen. Wenn Menschen darauf aus sind zu beweisen, wie schlecht sie sind, liegt es an ihrer Angst, für ihre wahre Reinheit die Verantwortung zu übernehmen. Oder sie haben Angst davor, mächtig zu sein und alles zur Verfügung zu haben, oder sie haben sogar Angst zuzugeben, daß sie ein Kind Gottes sind.

Jede Kompensation ist eine Verteidigung, die keine Belohnung und kein Empfangen erlaubt. Jeder negative Glaube über uns oder jedes Gefühl der Schuld ruft nach Selbstbestrafung, die manchmal als Angriff von außen erlebt wird. Niemand greift uns an, es sei denn, daß wir persönlich Schuld auf uns geladen haben und diese zu verbergen suchen.

Wann immer wir von äußeren Kräften bei dem Versuch, unsere Schuld abzuzahlen, angegriffen oder zum Sündenbock gemacht werden, fühlen wir uns schlecht; das ist eine Umschreibung für „sich schuldig fühlen". Auf diese Weise wird unsere Schuld durch unseren Versuch sie abzubezahlen, in Wirklichkeit vergrößert. Da die Verteidigung nicht funktioniert, ist es wichtig, unsere vergrabenen schmerzvollen Emotionen zu finden und Verantwortung für sie zu übernehmen, damit wir sie heilen können.

Unser Partner kann genau der Mensch sein, der uns helfen kann, diese schmerzvollen, abwehrenden Einstellungsmuster und Emotionen zu finden, wenn wir uns dazu entscheiden, nicht mit selbstgerechten Mustern zu reagieren und uns darin zu verfangen. Aber noch einmal: Das Ausmaß unserer Selbstgerechtigkeit ist das Ausmaß, in dem wir Schuldgefühle verbergen. Ein positives Selbstkonzept verbirgt ein negatives Selbstkonzept, wohingegen ein negatives Selbstkonzept unser inneres Gutsein verbirgt.

# Übung

Sei dir heute jeglicher Form des Grolls bewußt: Aggression, Rückzug, passiver Aggression, Leiden und jeder Form des Sündenbocks. Sei willens zu spüren, was für vergrabene Gefühle auch immer unter dem Groll verborgen sein mögen. Frage dich, wie alt diese Gefühle sind und wie alt du warst, als du diese Gefühle zum ersten Mal spürtest. Frage dich nach dem Muster oder der Kompensationsform, die mit diesen Gefühlen zusammenhängt. Frage dich, welche Selbstkonzepte du von dir selbst hast (positive oder negative), die diese Emotionen unterstützt haben. Triff neue Entscheidungen über diese Selbstkonzepte, indem du dich von der Wahrheit führen läßt. Von der Wahrheit geleitet, kannst du die Wahl zugunsten deines wahren inneren Gutseins treffen und brauchst deshalb nicht aus Angst eine Menge Zeit und Energie mit Kompensationsmechanismen zu verschwenden.

Vielleicht möchtest du die folgende Übung in Spalten aufschreiben, damit es für dich klarer wird.

Form des Grolls?

Vergrabene Gefühle?

Welches Muster oder welche Kompensationsform?

Alter der Gefühle?

Welche Selbstkonzepte?

Welche Aspekte verbergen diese?

## 8. Deine Klagen verbergen unerledigte Geschäfte innerhalb deiner Familie

Jedes unerledigte Geschäft, das es in der Familie gab, in der du groß geworden bist, wird in deine gegenwärtigen Beziehungen hereingetragen. Es ist seit langem in therapeutischen Kreisen bekannt, daß Chefs und Autoritätsfiguren „ihr Mütchen kühlen" für unerledigte Geschäfte mit Vater und Mutter. Du magst an diesem Punkt in deinem Leben bewußt gänzlich andere Gefühle zu dem Elternteil haben, mit dem du das ursprüngliche Problem hattest. Aber wenn es vergrabene Verurteilungen, Schmerzen oder Schuldgefühle gibt, werden sie dazu neigen, in jedweder Situation, in der du dich befindest, wieder aufzusteigen, in der der alte Schmerz zum Vorschein kommen und durchgelassen werden kann.

In diesem Fall ist es häufig dein Partner, an dem du „dein Mütchen kühlst" für irgendein unerledigtes Geschäft. Wenn du bemerkst, daß dem ein Muster zugrunde liegt, das existierte, bevor du deinem Partner begegnetest, kann das dazu dienen, den Angriff abzuschwächen. Dann kannst du deine Aufmerksamkeit an den einzigen Ort zurücklenken, an dem das Problem wirklich geheilt werden kann – das ist dein eigenes Inneres. Wenn du die Verantwortung für diesen Konflikt in deinem Leben übernimmst, kann dadurch die ganze Situation verändert werden.

Selbst wenn dir nicht ohne weiteres ein Konflikt in deiner ursprünglichen Familie einfällt (das, was unterbewußt ist, eignet sich nicht immer für das Bewußtsein), sei willens, dein Leben und das Beziehungsmuster mit deinem Partner zu erforschen. Erinnert das Muster mit ihm dich an deine Beziehung mit irgend jemand anderem? Erinnern dich die gegenwärtigen Gefühle an Gefühle, die in deinem Leben in der Vergangenheit hochkamen?

Die gegenwärtige Situation ist eine ausgezeichnete Gelegenheit, alte Muster zu heilen und dafür zu sorgen, irgendwelche anderen existierenden Muster nicht damit zu vermischen. Sei dir sicher, daß du nicht irgendwelche neuen Problemmuster anfängst, die später geklärt werden müßten. Deine jetzige Situation ist eine ausgezeichnete Gelegenheit zur Heilung, deinen inneren Konflikt aufzulösen und deine psychische Belastung zu vermindern, um dich zu einem höheren Bewußtseinszustand zu erheben.

# Übung

1. *Stelle dir vor, daß dein Partner vor dir steht. Stelle dir jetzt vor, daß das, was du siehst, in Wirklichkeit nur ein Partner-Kostüm ist, und daß, wenn du die Maske abnehmen würdest, der Mensch, mit dem du den ursprünglichen Konflikt hattest, erscheinen würde. Wenn du jetzt bereit bist, strecke die Hand aus und ziehe die Maske herunter ... Wer befindet sich dort? Frage diesen Menschen: „Wie kann ich dir helfen?" Sei bestrebt, diesem Menschen das Wesentliche seiner Bitte zu erfüllen, zuerst in deiner Vorstellung und dann im Leben, vor allem, weil es in euer beider Interesse ist. Falls – was selten vorkommt – seine Bitte destruktiv zu sein scheint, frage weiter nach dem Zweck der Bitte, bis du zum wirklich Wesentlichen vordringst, was euch beiden dienlich sein wird.*

2. *Stelle dir die folgende Frage und vertraue auf das, was plötzlich in deinem Bewußtsein auftaucht. Es mag sein, daß du mit dieser Methode nicht die genauen Fakten erhältst, aber es wird dir zumindest das beteiligte Muster gezeigt.*

*a) Wenn du wüßtest, wann dieses Problem (das sich gegenwärtig als ein Konflikt mit deinem Partner zeigt) angefangen hat, war es wahrscheinlich, als du ... Jahre alt warst?*

*b) Wenn du wüßtest, wer daran beteiligt war, als dieses Problem begann, war es wahrscheinlich ...?*

*c) Wenn du irgendwie wüßtest, was geschehen ist, damit dieses Problem für dich entstand, war es wahrscheinlich ...?*

*d) Dieses Problem stellt einen Ort dar, an dem du deine Mitte verlassen hast. Es ist ein Ort, an dem es dir an Gleichgewicht und Frieden mangelt. Bitte dein Höheres Selbst (das von einigen Seelenbewußtsein, Göttlicher Geist, Heiliger Geist, Christusbewußtsein oder Buddha-Bewußtsein genannt wird), dich zur Mitte, die du verloren hast, zurückzubringen. Bitte, daß dein Höheres Selbst nun alle Menschen in der ursprünglichen Situation zu ihrer Mitte zurückbringt. Zum Schluß bitte,* daß dein Höheres Selbst es erlaubt, daß Gnade zu allen in der ursprünglichen Situation Beteiligten strömt.

Während du diese Übung weiterführst, wirst du beträchtlichen Frieden und Erleichterung bemerken, es sei denn, es gibt einen noch früheren Konflikt. In diesem Fall wirst du ein wenig Erleichterung spüren, wobei dann mehr an einer weiter zurückliegenden Situation gearbeitet werden muß (in der Regel etwas, was geschah, als du im Mutterleib warst). In diesem Fall führe den Prozeß fort, bis du Frieden spürst.

Nach Jahren therapeutischer Arbeit und Forschung habe ich herausgefunden, daß Traumata in einem bestimmten Alter in der Kindheit in der Regel im entsprechenden Monat im Mutterleib beginnen. Zum Beispiel beginnt ein körperliches oder emotionales Trauma im Alter von drei Jahren in der Regel als Muster im Alter von drei Monaten im Mutterleib. Um die allererste Wurzel des Problemmusters aufzulösen, solltest du das ganze Problem, wie es sich in der Gegenwart zeigt, auflösen. Probleme bei der Geburt beginnen in der Regel bei der Empfängnis aufgrund der Situation der Eltern in körperlicher, emotionaler und mentaler Hinsicht (das berichten Patienten und Seminarteilnehmer, wenn sie ihre Intuition heranziehen).

Wenn du deiner Intuition nicht traust, dann denk dir aus, was geschehen sein könnte, als das gegenwärtige Problem begann. Wenn du dir etwas ausdenkst, erhältst du in der Regel die wesentlichen Merkmale des Musters, wenn nicht alle Fakten.

Wenn du das Problem findest, wie es sich anscheinend zutrug, bitte wieder dein Höheres Selbst, dich und alle Beteiligten zu ihrer jeweiligen Mitte zurückzubringen. Bitte, daß Gnade durch dich in deine Mitte strömt und zu all denjenigen weiterströmt, die sich mit dir in der Situation befinden.

Diese Übung scheint das psychologische Muster, unter dem du leidest, aufzulösen, ebenso wie die eingeschlossenen Schuldgefühle, Gefühle der Wertlosigkeit, Gefühle des Ausgenutztseins, Groll und die unerfüllten Bedürfnisse und den Leidenszyklus, den ein solches Muster darstellt.

## 9. Das Bild, das du von deinem Partner hast, ist deine Projektion

*D*iese Lektion ist besonders für diejenigen von Interesse, die ein tiefgehendes Interesse an Wachstum, Verwandlung und Veränderung haben. Das Prinzip besteht in der Bereitschaft, jeden Menschen, der uns begegnet, und alles, was geschieht, als Lernsituation aufzufassen. Es erfordert die Bereitwilligkeit, jeden Menschen und jede Situation als Projektion des unterbewußten Geistes anzusehen, und manchmal des unbewußten Geistes. Da diese Einstellung die äußere Welt zu einer Widerspiegelung der inneren Welt macht, kann die äußere Welt durch die Veränderung des Denkens im Inneren verändert werden.

Wenn du dich daran erinnerst, daß jeder Mensch, den du außerhalb deiner selbst siehst, in Wirklichkeit einen Teil von dir darstellt, den du beurteilt, zerstückelt, abgespalten, vergraben und nach außen projiziert hast, dann bist du besser vorbereitet und sehr viel bereitwilliger, die Arbeit zu tun, die notwendig ist, um diese Teile deiner selbst zurückzugewinnen. Dies geschieht durch Integration dieser fehlenden oder unterdrückten Teile.

Viele Menschen haben Angst davor, Teile ihrer selbst, die sie auf ihren Partner projizieren, zu integrieren, weil sie Angst davor haben, das, was so negativ scheint, ins Spiel zu bringen. Es ist der Akt der Integration, der jede Negativität in das verwandelt, was analog einer Art Impfung oder Immunisierung Vorsorge trifft gegen jede weitere Form der Negativität. Durch diese Integration lernst du die Lektion, die bereitgestellt wurde, und schreitest dann zur nächsten Lektion voran, zur nächsten Projektion, zum nächsten Schritt, zur nächsten Herausforderung.

Es gibt Leute, die wir nur „zufällig" treffen, kurze Begegnungen. Es gibt andere, mit denen wir einige Lektionen erarbeiten und dann den Eindruck haben, daß diese zu einem Ende zu kommen scheinen (die Mehrheit der Beziehungen fallen unter diese Kategorie). Dann gibt es diejenigen einzigartigen Beziehungen, in denen Menschen unserer eigenen Entwicklungsstufe uns so nahe sind, daß es eine unbegrenzte Anzahl von Lektionen für Wachstum gibt, die sich kontinuierlich entfalten. Dein Ehepartner und die Menschen, mit denen du eine engere Beziehung hast, sind naturgemäß diejenigen, mit denen sich deine Lektionen beständig weiter entfalten können und in denen du eine jener seltenen lebenslangen Gelegenheiten zum Lernen hast. Menschen bleiben naturgemäß in Beziehungen, solange sie können, und wenn zu einer gegebenen Zeit nichts mehr gelernt werden kann, endet diese Lernsituation. Du kannst viel in deinem Leben für dich und für die Welt tun, denn du lernst niemals nur für dich selbst. Es gibt keine Lektion, die du lernst, die nicht auch die Welt verbessert. Du kannst für jedermann viel tun, indem du ein williger und glücklicher Lernender wirst.

Um die Fähigkeit zu entwickeln, durch Integrationen von Projektionen zu heilen, probiere diese hilfreiche Metapher aus. Stelle dir vor, daß die ganze Welt ein Videospiel ist und das Videospiel eine Widerspiegelung deines Geistes. Nur ein Mensch existiert in Wirklichkeit in dieser Videospiel-Welt, und das bist du (es ist ein Ein-Personen-Spiel). In längst vergangenen Urzeiten wurde ein Fluch über dich gelegt, der eine Illusion erzeugte; alles, was eins war, schien in Billionen und Aberbillionen getrennter Teile zu zerbröckeln. Deine Mission – wenn du die Entscheidung triffst, sie zu akzeptieren – besteht darin, den Fluch rückgängig zu machen und anzufangen, alle die scheinbar getrennten Teile wieder zu einem Ganzen zu vereinen.

Du fängst damit an, daß du niemandes Interesse als getrennt von deinem eigenen ansiehst. Diese Aufgabe wird gefördert durch solche Formen der Heilung wie Verstehen, Annehmen, Geben, Vergeben, Loslassen, Vertrauen, Kommunikation, Integration, Verpflichtung, Wahrheit, Empfangen, Gnade und Offenheit. Sie wird behindert durch Angst, Schuldgefühle, Leiden, Schmerzen, Selbstsucht, Bösartigkeit, Autoritätskonflikte, Kontrolle, Verletzungen, Klagen/Bedürftigkeit und alle die Dinge, die Trennung erzeugen und von Trennung erzeugt werden.

# Übung

*1. Stelle dir vor, daß dein Partner vor dir steht; aber statt seinen Körper oder seine Persönlichkeit zu sehen, siehst du die Trillionen von Lichtteilchen, die sein Sein ausmachen. Erlebe dieses glühende empfindungsfähige Licht, das sein Wesen ist.*

*2. Betrachte nun dich selbst auf die gleiche Weise.*

*3. Als nächstes stelle dir vor, daß diese beiden Lichter sich verbinden.*

*4. Während sie sich völlig verbinden, sieh dich selbst in einer gänzlich neuen Weise auftauchen, mit einer ganzen Menge mehr Vertrauen. Betrachte und fühle dich selbst so, als ob du die negativen Eigenschaften (deines Partners) integriert und somit zerstreut hättest, während du die vielen positiven, die mit der Integration einhergehen, betonst und vervielfachst.*

## 10. Deine Klagen verbergen deine Schuldgefühle

*D*ies ist eine wichtige Lektion, denn es sind Schuldgefühle, die uns in der Opferrolle festhalten. Es sind Schuldgefühle, die alle Formen des Leidens schaffen, Schuldgefühle, die von jeglichem unerledigten Geschäft der Vergangenheit herrühren, alles, wobei wir uns schlecht fühlen. Dies sind die Schuldgefühle, die aus Trennung und Selbsttäuschung hervorgehen und viele Konflikte verursachen, denn nur das getäuschte Selbst kann in Konflikt sein. Wir leben in einer Welt von Konflikten, Selbsttäuschung und Illusionen in bezug auf das, was wirklichen Wert hat.

Da Schuld ein solch unangenehmes Gefühl ist, leugnen wir es naturgemäß, verbergen es und projizieren es nach außen auf andere Menschen. Wir können jemand anderen nur eines Tuns beschuldigen, von dem wir glauben, daß wir es getan haben. Wir können nur diejenigen richten, auf die wir unsere eigenen unerledigten Geschäfte und verborgenen Konflikte projizieren. Deshalb ist es so wichtig, unsere Unschuld zu erkennen, sowohl für uns selbst als auch für andere Menschen. Unschuld kann uns von Schmerz, Mangel und Trennung, die Konflikte erzeugen, befreien. Sie kann buchstäblich die Welt retten.

Die Klagen, die wir haben, sind die beste Art, Schuldgefühle zu verbergen. Unsere Klagen halten uns in einer Lebensweise fest, die eher auf andere reagiert, statt für andere empfänglich zu sein. Unsere Klagen erlauben uns, einen Sündenbock statt die wirklichen Lösungen im Inneren zu suchen. Klagen, die aus inneren Konflikten und von Schuldgefühlen herrühren, fördern äußere Konflikte. Noch einmal: Wir klagen buchstäblich andere für das an, was in unserem unterbewußten oder unbewußten Geist vergraben ist. Um ein Leben mit fehlerfreien Beziehungen zu führen, ein Leben, in dem wir das Beste, was wir können, tun (unter den gegebenen inneren und äußeren Umständen, Anschauungen und den Belastungsbedingungen) und dann noch glauben, wir könnten alles besser machen, bedeutet, die Verantwortung für unsere Gefühle und unser Leben wieder in die eigene Hand zu nehmen. Dies wäre eine Art zu leben, die in uns eine latente Kraft aktivieren würde, die sowohl für uns selbst als auch für die Menschen um uns herum viel bedeuten könnte.

Wir können unsere Klagen und Konflikte als Weg benutzen zu entdecken, wo unsere verborgenen Konflikte und Schuldgefühle sich befinden. Die Auflösung dieser inneren Konflikte und Schuldgefühle ist ein sehr einfacher Weg, äußere Probleme und Konflikte zu lösen. Richtig angewendet, können unsere Klagen ein Weg sein, Schuldgefühle zu finden, die so tief vergraben sind, daß es sonst keinen anderen Weg gibt, sie zu finden. Deine Klagen können dich unterstützen, dich selbst zu heilen statt dich zu verleugnen, weil deine Klagen auf deine Schuldgefühle hinweisen.

Wenn Menschen Klagen haben, fühlen sie sich im Recht, und Rechthaberei ist in Wirklichkeit lediglich eine Tarnung für das Gefühl, im Unrecht oder schuldig zu sein. Nimm diese Gelegenheit mit deinem Partner (oder absolut jedermann) wahr und fange an, nach deiner verborgenen Schuld zu suchen. Benutze jede Klage als ersten Schritt zum Auffinden deiner Schuld und zur Erklärung deiner eigenen Unschuld und der anderer Menschen – durch Vergebung. Wie du urteilst, so sollst du beurteilt werden. Die einzige Lösung, die funktioniert, ist Vergebung und für die Unschuld eines jeden Menschen und für seine Belange zu sorgen.

# Übung

1. Welche Klagen hast du über deinen Partner?

2. Nimm dir Zeit, dir das spezielle Verhaltensmuster des Partners anzueignen, als ob es dein eigenes wäre, wenn auch unterbewußt. Stelle fest, wie du mit dir dabei umgehst, als ob du es die ganze Zeit bereits tun würdest.

Spüre dem Gefühl nach, das dadurch erzeugt wird, bis es keine emotionale Ladung mehr hat. Fahre damit fort, bis du sagen kannst: „Ja, das bin ich. Genauso bin ich". Wenn es kein Thema mehr für dich ist, wird es auch kein Thema mehr für dich sein, wenn dein Partner dieses Verhalten zeigt.

3. Verweile nun in Gedanken bei diesem Verhalten, bis du anfängst, dich unschuldig zu fühlen, wenn du dich so verhältst. Wenn du das tust, wirst du feststellen, daß du genauso deinem Partner gegenüber fühlen kannst.

# 11. Machtkampf ist ein Ort,
## an dem jeder schließlich verliert.

*A*us Machtkämpfen, besonders denjenigen, die in zwischenmenschlichen Beziehungen entstehen, gehen keine Gewinner hervor. Wenn du gewinnst, befindet der andere sich in der Verliererrolle, verliert er auch die Attraktivität, die er hat, und nimmt naturgemäß eine Opferrolle an. In jedem Fall bezahlst du zum Schluß die Rechnung, wenn jemand, der dir nahesteht, verliert, oder es ist lediglich eine Frage der Zeit, bevor er versucht, dich aus dem Hinterhalt zu überfallen und wieder die Oberhand zurückzugewinnen.

In einem Machtkampf fühlt sich zumindest eine der Parteien schlecht. Weil sie sich schlecht fühlt, hält sie nach jemandem Ausschau, den sie tadeln könnte.

Als ich meine Psychologiestudien begann, las ich eine Untersuchung über Ratten, die sich in einem Käfig mit einem stählernen Gitterboden, der elektrisch aufgeladen werden konnte, befanden. Sobald er aufgeladen wurde, griffen die Ratten sich voller Schmerzen gegenseitig an oder alles, was einer anderen Ratte ähnelte.

Unglücklicherweise scheinen Menschen, wenn sie seelische Schmerzen erleiden, nicht viel weiter fortgeschritten zu sein. Sie haben dann die Tendenz, entweder wegzulaufen oder anzugreifen. Ich habe dies sowohl im persönlichen als auch beruflichen Bereich beobachtet. Wenn du dir dessen bewußt bist, hilft dir das, dich davon abzuhalten, daß du dann, wenn einmal jemand auf dich einschlägt, deine Gefühle auf andere in deiner näheren Umgebung projizierst oder dein emotionales Gepäck auf sie ablädst. Wenn du bewußt wahrnimmst, erkennst du, daß das Verhalten aller Menschen entweder Liebe ausdrückt oder einen Ruf nach Liebe, einen Hilferuf darstellt. Menschen werden aufgrund ihrer Gefühle zu bestimmten Verhaltensweisen gedrängt. Wenn sie sich auf eine Weise verhalten, daß Schmerzen die Folge sind, liegt das daran, daß sie Schmerzen empfinden. Offenheit für ihre Schmerzen und ihre Bedürfnisse erlaubt dir, mit ihnen in Verbindung zu treten, ohne dich auf einen Kampf oder Konflikt einzulassen. Es erlaubt dir, eine Führungsrolle einzunehmen, statt dich von der Situation gefangennehmen zu lassen.

Niemand möchte Schmerzen empfinden, und es bedarf einer beträchtlichen Reife, nicht darauf zu reagieren, wenn du Schmerzen empfindest oder wenn jemand auf dich eingeschlagen hat. Aber es ist möglich, und es erlaubt dir, Situationen in positiver Weise zu verändern und zur Entfaltung kommen zu lassen. Es ist ein Zeichen von Reife. Selbst während du Schmerzen empfindest und versucht bist, zu reagieren und um dich zu schlagen, kannst du dich fragen, was in der Situation hilfreich sein könnte. Wenn du nach innen horchst, wirst du feststellen, daß dir intuitiv ein Weg vorgeschlagen wird. Wenn du entsprechend der inneren Stimme in dir reagierst, wirst du feststellen, daß sich die Situation in positiver Weise entfaltet.

# Übung

*Verhindere heute jeglichen Machtkampf, um dein Voranschreiten zu Stufen, die deinen Wachstumsprozeß unterstützen, nicht aufzuhalten. Wenn du in einen Machtkampf verwickelt wirst, höre auf die Stimme deines Höheren Selbst. Wenn dir heute irgendeine Art von Problem widerfährt, höre auf dein Höheres Selbst. Nimm dir heute fünf Minuten Zeit, um eine Lösung dafür zu erbitten und sie zu hören. Die Lösung wird dir immer angeboten, wenn du willens bist zuzuhören. Es gehört natürlich zu einer der größten Fähigkeiten, zuhören zu können, während du von Schmerzen überwältigt bist.*

*Wenn du einmal die Möglichkeit in Betracht gezogen hast, daß jeder in der Situation gewinnen kann, wird es auch geschehen, und du wirst dich von den Ergebnissen inspirieren lassen. Die Bereitwilligkeit, sich zu wandeln, wird deine Fähigkeit, zu empfangen, Erfolg zu haben und zu lieben, vergrößern. Die Beziehung mit deinem Partner harmonisch zu gestalten, erlaubt dir um so mehr, in jeder zwischenmenschlichen Beziehung erfolgreich zu sein.*

## 12. Dein Partner hält dich nicht zurück

Dein Partner hält dich nicht zurück, sondern du dich selbst. Tatsächlich benutzt du ihn in dem Ausmaße, dich selbst zurückzuhalten, wie du glaubst, daß er dich zurückhält. Die einzige Verschwörung, die es gegen dich gibt, ist eine Selbstverschwörung.

Es erfordert eine beträchtliche Reife, zu erkennen, daß alles, was geschieht, zu deinem Besten ist, alles, was in Betracht kommt. Viele von uns haben umfangreichere Lektionen zu lernen, werden mit Herausforderungen konfrontiert, machen Versuchungen und Prüfungen durch. Eine Versuchung ist lediglich eine noch nicht gelernte Lektion, die jetzt ansteht, um endlich gelernt zu werden. Eine Prüfung ist eine Gelegenheit von größerer Bedeutung. Es kann sich dabei tatsächlich um eine Situation handeln, in der es um Leben und Tod geht, oder um eine Situation, in der wir uns völlig niedergeschmettert fühlen, wenn wir die Prüfung nicht bestehen. Die Prüfung zu bestehen ähnelt dem Bestehen einer Einweihung in dem Sinne, daß wir einen Quantensprung in unserer Bewußtseinsentwicklung machen. Dein Partner kann eine solche Gelegenheit für dich sein.

Wenn es im Leben um Bewußtseinserweiterung geht, damit wir in Liebe und Freude wachsen können, dann ist dies genau eine Gelegenheit, dich selbst zu verwandeln und zu einer gänzlich neuen Ebene fortzuschreiten. Wenn du glaubst, daß dein Partner dich zurückhält, dann hast du eine abweichende Vorstellung davon, worum es im Leben geht. Dann hältst du an anderen Werten, Einstellungen oder Methoden fest, um Liebe, Freude und Glück zu erlangen. In Wirklichkeit arbeiten wir oft hart für sehr viele Dinge, die uns am Ende nicht einmal befriedigen und erst recht nicht Liebe, Glück und Freude vermitteln. Was uns mit Freude erfüllt, ist Liebe, Kreativität, Geben, Empfangen, Vergebung und unser Lebensziel, das wir anstreben. Mit Geben und Empfangen geht ein natürliches Vorwärtsfließen einher. Vergebung beendet Angstgefühle und Konflikte und erzeugt die lebenswichtige Veränderung, die für eine Bewegung hin zu Freude und zu Glück notwendig ist.

Viele Male im Leben gelangen wir an wichtige Kreuzungen. Dort muß die Entscheidung getroffen werden, entweder dieselbe Entscheidung zu treffen und uns in derselben Richtung weiterzubewegen, wie wir es zuvor immer getan haben, oder aber einen wichtigen Schritt in eine neue Richtung zu wagen. Vergebung erlaubt, diesen bedeutenden Schritt zu tun. Die Bereitwilligkeit, dich zu verändern und andere nicht zu benutzen, um dich zurückzuhalten, kann den Weg in diese neue Richtung lenken. Nach dem anfänglichen Aufruhr, den Verwandlung manchmal mit sich bringen kann, werden wir auf eine völlig neue Ebene des Vertrauens angehoben, wenn wir voranschreiten. Es sind diese Veränderungen, die uns flexibel, vital und am Leben erhalten.

Angesichts eines Problems keine Veränderung zu wählen, heißt, auf der Stelle zu treten und zu versuchen, den Rest der Welt dazu zu bringen, sich statt deiner zu verändern. Die Trotzanfälle Erwachsener, die sich in der Form von Ärger und Aggressionen äußern oder in dem Gefühl, verletzt oder angegriffen worden zu sein, bringen nicht mehr Erfolg als unsere Trotzanfälle in der Kindheit.

# Übung

Nun ist es an der Zeit, die Entscheidung zu treffen, diesen wichtigen Schritt vorwärtszugehen. Nun ist es an der Zeit, willens zu sein, einen Sprung auf eine neue Ebene zu machen. Nun ist es an der Zeit, daß Vergebung deine Wahrnehmung verändern und deinen Lernprozeß beschleunigen kann.

Übergib diese ganze problematische Situation dem Teil des Geistes, der alle Antworten kennt. Übergib diese Situation deinem Höheren Selbst, so daß du sie als Situation sehen kannst, in der jeder gewinnen kann, nicht nur jetzt, sondern auch in Zukunft. Wenn du wirklich willst, daß die Situation sich ändert, übergib sie deinem Höheren Selbst.

Folge deinen Inspirationen, weil deren Lösung es jedem erlauben wird zu gewinnen; du wirst keine Zeit verschwenden, indem du zwanghaft über die Situation nachgrübelst, und du wirst handeln, wenn gehandelt werden muß.

## 13. Dein Partner ist gekommen, dir zu helfen

Dein Partner ist hier, dir zu helfen, und nur deine Einstellung oder Perspektive kann dem widersprechen. Wir wollen mit der Feststellung beginnen, daß dein allgemeines Lebensziel dem aller anderen ähnelt: der Suche nach Glück, Freude und Weiterentwicklung. Dann ergibt sich die Frage, wie man das erreichen kann.

Angenommen, dein Partner ist überempfindlich, streitsüchtig und aggressiv. Dein Gedanke ist: „Wenn ich glücklich sein will, muß ich mich von dieser Person fernhalten, denn jedesmal, wenn ich in ihrer Nähe bin, sagt oder tut sie etwas, was mich aufregt, und dann bin ich nicht mehr glücklich". Die Einstellung, die letztlich auf Tatsachen beruhen mag, wird dein Glück oder deinen Reifeprozeß nicht fördern, wenn du nicht zuallererst einige grundlegende Prinzipien anwendest, die die Weiterentwicklung der Situation fördern. Als erstes mußt du erkennen, daß du nicht in eine Situation gestellt bist, in der es keine Lösung gibt. Wie unmöglich einige Situationen auch zu sein scheinen, es gibt immer eine Lösung, bei der jeder gewinnen kann. Zweitens bist du nicht zufällig in dieser Situation, in der du dich befindest, sondern dahinter steckt ein Sinn, den du noch nicht erkennst. Du befindest dich in dieser Situation, weil es in ihr eine lebenswichtige Lektion für dich zu lernen gibt. Du kannst dich jetzt entscheiden, sie zu lernen.

Dabei wird es dir jedoch nicht helfen, wenn du versuchst, eine andere Person auf deine Seite zu ziehen. Sie wird in der Regel ärgerlich sein, sich zwischen zwei Stühlen zu befinden und sich für einen von euch beiden entscheiden zu müssen.

Zu Beginn der Arbeit mit dem Problem ist es wichtig, nicht vor schmerzvollen Gefühlen zurückzuschrecken. Sie sind hilfreiche Hinweise auf vergrabene Konflikte, denn unsere äußeren Konflikte sind lediglich Hinweise auf innere. Alle Konflikte stammen von Zweifeln oder mangelndem Selbstvertrauen ab, und alle

Zweifel sind in Wirklichkeit Selbstzweifel. Selbstzweifel rührt daher, daß wir uns zwei verschiedene Dinge wünschen oder Wünsche haben, die miteinander in Konflikt stehen. Sich widersprechende Wünsche zu haben, macht es aufgrund der Angst, einen der Wünsche zu verlieren, unmöglich, voranzuschreiten. Deshalb hat jede Heilung in irgendeiner Weise mit der Integration von in Konflikt stehenden Wünschen zu tun.

Dein Konflikt mit deinem Partner weist auf einen Ort der Verleugnung oder Selbsttäuschung hin, der aufgedeckt wurde. Ihn weiterhin zu verleugnen, indem du deinen Partner angreifst, verwischt lediglich das Problem. Erkenne diesen Konflikt als deinen eigenen an. Das ist der Beginn der Heilung. Deinen Partner anzugreifen und mit ihm zu kämpfen heißt, ihn als Prügelknabe für etwas zu benutzen, was dich stört. Und kämpfen wird dich nicht glücklich machen. Angriff bringt dir keine Freude. Freude ergibt sich aus Liebe, und Glücklichsein ist ihr natürliches Nebenprodukt. Angriffsgedanken und Klagen kommen von Rechthaberei, die eigene Schuldgefühle verbergen.

Von der psychologischen Dynamik her gibt es nur zwei Gefühle, Liebe und Angst. Alle anderen Gefühle stammen von diesen ab. Alles, was nicht Liebe ist, ist Angst. Angst wird von unseren Angriffsgedanken erzeugt, die wir im Anschluß auf die Welt draußen projizieren. Wir bekommen dann Angst vor einer bedrohlichen Welt, wenn wir nicht erkennen, daß sie in unseren eigenen Gedanken entstanden ist. Diese Angstgefühle öffnen uns dann für weitreichendere negative Einflüsse.

Um glücklich zu werden, müssen wir eine Haltung der Liebe einnehmen. Diese erreichen wir, indem wir die Einstellung der Reinheit des Herzens und danach die der Vergebung einnehmen. Wenn du nicht glücklich bist, dann bist du nicht rein im Herzen. Es ist notwendig, daß du die Entscheidung triffst, die Reinheit des Herzens zu erlangen, oder die Entscheidung fällst, zu vergeben, damit diese Zustände des Glücks und der dynamischen Kraft entstehen können. Wenn du nicht glücklich bist, ist der einzige Weg, glücklich zu werden, heil zu werden. Heilung kommt von

Vergebung, Vertrauen, Integration, Verstehen, Annehmen, Engagement, Loslassen usw. und nicht vom Weglaufen oder davon, Schlachten aufgrund von Rechthaberei gewinnen zu wollen. Dies verdeckt nur den Konflikt, der zu einem bestimmten Zeitpunkt aufgearbeitet werden muß, um geheilt zu werden.

Die jetzige Situation mit deinem Partner weist auf einen lange bestehenden Konflikt in deinem Inneren hin. Ohne deinen Partner, auf den du den Konflikt projizieren kannst, hätte es vielleicht viele Jahre länger gedauert, bis du mit den Gründen, warum du einfach nicht glücklich bist, in Berührung gekommen wärst. Wenn dein Partner nicht da wäre, würdest du noch immer den Konflikt in dir tragen, der deine besten Bemühungen, glücklich zu sein, zunichte macht, und du wüßtest nicht, warum. Deine Schmerzen sind der Beginn des Heilungsprozesses. Sie ermöglichen es dir zu erkennen, daß es in deinem Inneren einen Ort gibt, der der Heilung bedarf, einen Ort, an dem du nicht rein im Herzen bist. Laß diese Gelegenheit nicht vorüber gehen, nur um ihr später wieder gegenüberzustehen.

Alle Konflikte stammen von alten gebrochenen Herzen. Alle Konflikte stammen von unerfüllten Bedürfnissen, und deine Bedürfnisse sind Ausdrucksformen von Angst, von Forderungen und von Angriff. Deine Bedürfnisse werden nicht nur durch deine Vergebung erfüllt, sondern transformiert, und du bekommst jene Kraft, die du brauchst, um sie auf einer höheren Ebene zu erfüllen.

Unser gegenwärtiger Konflikt kommt von alten Klagen. Klagen rühren von Situationen her, in denen andere Menschen nicht das getan haben, was wir von ihnen erwarteten. Sie haben nicht *unsere* Bedürfnisse erfüllt, sondern haben das, was sie taten, getan, um *ihre* Bedürfnisse zu befriedigen. Diese unsere Bedürfnisse und Klagen werden durch das Leben weitergetragen, bis wir einen Ort der Heilung wählen.

Wenn chronische Bedürfnisse und Klagen durch das Leben getragen werden, werden sie naturgemäß zu einem „sthick". Dieses yiddische Wort beschreibt, was Menschen sich selbst und anderen durch ihr Leiden antun; Leiden ist eine Manipulation, um eigene Bedürfnisse zu befriedigen. Menschen bestrafen andere mit ihrem „sthick", wohingegen es in Wirklichkeit ein Mittel ist, um nach Hilfe und Liebe zu schreien. Ihr „sthick" ist in der Regel eine Situation, in der das innere Kind einen Trotzanfall in einem erwachsenen Körper erleidet. Aber wenn jemand in deiner näheren Umgebung dich mit seinem „sthick" ärgert, weist dies auf einen verborgenen „sthick" auf deiner Seite hin. Heute ist ein guter Tag für Heilung und Weiterentwicklung. Fangen wir an.

# Übung

1. Frage dich in der Situation, in der du dich gegenwärtig befindest: „Wie alt war ich, als dieser Konflikt begann?" und horche auf deine Intuition.

2. Frage dich: „Wer war bei mir, als der Konflikt sich ereignete?"

3. Frage dich: „Was war es, was geschah, als dieser Konflikt begann?"

4. Untersuche die Bedürfnisse, die jeder, der an der Situation beteiligt war, verspürte.

5. Welche Entscheidung hast du damals für dich, das Leben und zwischenmenschliche Beziehungen usw. getroffen? Für was du dich entschieden hast, hat sich zu einem Glauben entwickelt, und die Welt hat sich selbst in Form jenes Glaubens immer wieder wiederholt. Was du glaubst, nimmst du wahr. Wie du wahrnimmst, rührt von diesem Glauben her, und daraufhin verhältst du dich entsprechend. So wird dein Glaube bestätigt und verstärkt.

6. Fälle neue Entscheidungen in bezug auf das, was du glauben möchtest.

7. Bitte dein Höheres Selbst, jeden, der an der vergangenen Situation beteiligt war, in seine Mitte und zum Frieden zurückzubringen. Diese Mitte ist ein Ort, an dem die Bedürfnisse eines jeden ganz natürlich befriedigt werden. Bitte um Gnade und Inspiration, um durch dich alles, was jeder andere benötigt, fließen zu lassen. Entscheide dich dann dafür, daß die Liebe und der Frieden für jeden an dieser Situation Beteiligten auch jetzt in eurem gegenwärtigen Leben zum Tragen kommen.

Diese heilenden Metaphern können in allen Konflikten herangezogen werden, um an die Wurzel einer Sache zu kommen und sie zu verändern.

## 14. Aufopferung ist eine Form falscher Bindung

*A*ufopferung kann das Loslassen einer niederen Form zugunsten einer höheren sein. Wenn dies in seinem wahren Licht gesehen wird, ist das kein Verlust. Die Aufopferung, auf die in diesem Buch Bezug genommen wird, ist eine unwirkliche Form, ein psychologischer Fehler, ein Versuch, andere zu verlieren oder zu noch größeren Opfern zu machen, als du selbst es bist.

Sich aufopfern heißt geben, ohne zu empfangen. Im psychologischen Sinne bedeutet Geben Empfangen und Empfangen bedeutet Geben. Es ist in Wirklichkeit Geben / Empfangen. Geben erlaubt es uns, sich mit Menschen in unserer Umgebung zu verbinden und diese Verbindung auch zu verwirklichen. Bindung schaffst du nicht, sie ist da. Bindung ist ein natürlicher Teil dessen, wer du in Beziehung zu anderen bist.

Von der Psychodynamik gesehen, findest du im Zentrum eines jeden Problems Angst / Trennung. Entweder die Angst oder die Trennung heilen zu wollen, bedeutet das Problem zu transformieren. Aufopferung ist eine fehlerhafte Lösung für das Bedürfnis, mit einbezogen und anerkannt zu werden. Sie erzeugt eine Fusion, eine Verwischung von Persönlichkeitsgrenzen, die vieles im dunkeln beläßt. Fusion ist falsche Einheit oder falsche Liebe. Sie rührt von einer Opferrolle her, die auf Schuldgefühlen und Traumata aufgebaut ist, wobei wir die Fähigkeit zur Bindung verloren haben. Beim Versuch, Nähe wiederzugewinnen, fingen wir an, uns aufzuopfern. Fusion ist falsche Nähe, die im geheimen nach Rache dürstet.

Aufopferung kann sich auf zwei Weisen zeigen. Eine besteht darin, für jemand anderen zu sorgen, und diese Fürsorge wird als emotionale Last oder psychische Belastung erlebt. Die andere Form der Aufopferung besteht darin, daß du als der abhängigere Teil von beiden es aufgibst, die Dinge auf deine Art zu tun, so daß jemand anderer sich darum kümmern muß. In der ersten Form glaubst du, daß du der bessere, moralisch höherstehende Mensch bist, so daß es in Wirklichkeit keinen Unterschied macht, wenn du den anderen tragen mußt oder die Dinge auf seine Weise tust. In der zweiten Form der Aufopferung glaubst du, daß du wertlos bist, und versuchst deshalb, dich selbst loszuwerden, läßt den anderen dich tragen und läßt sein Selbstwertgefühl für euch beide gelten.

Wenn du dich in irgendeiner Weise für deinen Partner aufopferst, hast du eine Lösung, die nicht lange halten wird. Geh keinen Kompromiß ein, denn ihr werdet das Gefühl haben, daß ihr beide verloren habt. Komm zu einem Entschluß. Komm zu einer ausgewogenen Lösung, bei der ihr beide gewinnt. Aufopferung sucht Nähe, aber ruft Ärger hervor. Aufopferung basiert auf deinen Schuldgefühlen, wohingegen nur die Unschuld jedes Beteiligten eine Lösung ermöglicht und wahre Bindung erlaubt. Gib dich nicht mit weniger zufrieden. Gib nicht auf und passe dich nicht der Situation an. Bestehe auf wahrer Bindung. Wähle die Unschuld aller Beteiligten. Gib dich nicht mit Aufopferung zufrieden.

Wenn Du aufhörst zu reisen
bist Du angekommen.

# Übung

Aufopferungs-Fusion geschieht, wenn wir unsere Mitte verloren haben, die ein Ort des Friedens und der Gnade ist. Unsere Mitte ist der Ort, durch den das Höhere Selbst leicht wirken kann. Der Ort, dem es an Bindung mangelt, weist darauf hin, daß aufgrund eines Traumas im Mutterleib oder in der Kindheit Bindungsfähigkeit verlorenging. Dabei hast du dich selbst für den Ärger in deiner Familie getadelt und deine Mitte verlassen, um zu versuchen, etwas für die Lösung des Problems zu tun.

Falls du 1–30 Prozent von deiner Mitte abgewichen bist, hast du mit einer Täuschung, einem Mißverständnis, einem Fehler gelebt. Falls du 30–80 Prozent von deiner Mitte abgewichen bist, hast du dich aufgeopfert. Falls du 80–99 Prozent abgewichen bist, hast du dich bis an den Punkt der Selbstzerstörung gebracht. Falls du 100 Prozent von deiner Mitte abgewichen bist, hast du das Selbst abgetötet. Der Geist – produktiv, wie er ist – versorgt dich sofort mit einem neuen. Aber du bist schon so weit abgewichen. Deine Richtung ist verzerrt, und deine Wahrnehmung ist verfälscht. Du befindest dich in einer Fusion, voller Unsicherheit in bezug auf deine natürlichen Grenzen.

Bitte dein Höheres Selbst, dich zu deiner Mitte zurückzubringen. Bitte dein Höheres Selbst, deinen Partner zu seiner Mitte zurückzubringen. Bitte dein Höheres Selbst, jeden, der an dem ursprünglichen Ereignis beteiligt war, zu seiner Mitte zurückzubringen. Spüre den Frieden, wenn du deine Mitte erreichst. Wozu du Monate benötigen würdest, um es zu erreichen, dafür braucht dein Höheres Selbst lediglich einige Sekunden. Stelle dir vor, du könntest das Licht in deinem Inneren direkt sehen. Dann spüre, daß jedermann – aus der Gegenwart und Vergangenheit – sich in seiner Mitte befindet. Stelle dir vor, daß das Licht in deinem Inneren Lichtranken aussendet und sich mit allen anderen an dem Ereignis Beteiligten verbindet. Nimm dir Zeit, um dieses Gefühl zu genießen.

## 15. Dein Partner hält dich nicht davon ab, Liebe zu empfangen

Dein Partner hält dich nicht davon ab, Liebe zu empfangen. Du bist es selbst. Dein Partner stiehlt dir nicht die Liebe der anderen. Du erhältst nur die Liebe, die du empfangen kannst. Wenn jemand die Liebe, die zu dir kommen will, abzufangen scheint, scheint das nur auf einer bewußten Ebene so zu sein. In Wahrheit empfangen wir immer Liebe, wenn wir uns ihrer wert fühlen und keine Angst vor ihr haben. Wir benutzen andere Menschen für die Verschwörung gegen uns selbst.

Wenn ein Partner unnatürlich hohe Forderungen stellt, dann handelt es sich um einen Fall von Fusion. Dies ist ein Verwischen der natürlichen Abgrenzungen zwischen zwei Menschen. Es ist eine Form der Aufopferung und des versteckten oder nicht so versteckten Ärgers. Dies deutet auf ein Ungleichgewicht in der Familie deines Partners hin, als er heranwuchs. Was jedoch jetzt in deiner Familie geschieht, konnte nur geschehen, weil es ebenfalls in deiner Kindheitsfamilie ein solches Ungleichgewicht gab.

Dies legt nahe, daß es einen Elternteil gab, an dem du sehr gehangen hast, und einen, von dem du mehr Abstand hattest. Der Elternteil, von dem du mehr Abstand hattest, ist in der Regel derjenige, mit dem du Probleme hattest. Während der Elternteil, an dem du gehangen hast, der Elternteil ist, mit dem du eine größere Meinungsverschiedenheit hattest, obwohl du dich ihm sehr viel näher gefühlt haben magst. In der Regel arbeiten wir zuerst mit unserem „Problem"-Elternteil, und wenn wir diese Arbeit erfolgreich abgeschlossen haben, begeben wir uns daran, die Angelegenheit mit unserem fusionierten Elternteil zu heilen. Fusion ist ein Zustand von übermäßiger Nähe oder übertriebener Zuneigung. Dies muß sich nicht immer auf der Verhaltensebene äußern, aber es findet auf der Gefühlsebene oder der Energieebene statt.

Fusion ist eine Form der Aufopferung, die einem nicht erlaubt, zu empfangen oder vollen Erfolg zu haben. Fusion basiert auf einem Schuldgefühl, das zuerst im geheimen nach Rache dürstet. Es ist die Mischung von Fusion und Polarisierung mit unseren Eltern, die die Wurzel von Mustern übermäßiger Nähe und übermäßiger Distanz zwischen Schwiegermüttern und Kindern ist. Wir müssen wieder das Gleichgewicht in unser Denken und Empfinden und in unsere Familien zurückbringen, bevor wir in diesem ganzen Lebensbereich Frieden finden können.

Fusion ist die Wurzel von Problemen der wechselseitigen Abhängigkeit, wobei die eine Person mit Macht ausgestattet war, und die andere Person die identifizierte Problemperson oder die abhängige Persönlichkeit ist. Fusion ist ein Zustand falscher Intimität, die kein Empfangen erlaubt und einen übertriebenen Sinn für Loyalität erzeugt, den wir fälschlicherweise für Liebe halten. Dieser Fehler hält uns an Menschen oder Situationen gekettet und schafft tatsächlich eine vom Zwang beherrschte Situation, die nicht hilfreich ist.

Dieser zwanghafte Zustand führt dich dazu, demonstrativ nach außen hin der Helfer zu sein, aber insgeheim das Problem verstärkt, damit du selbst weiterhin gebraucht wirst. Du willst in Wirklichkeit nicht, daß die andere Person sich ändert, daß es ihr besser geht und sie voranschreitet, denn ihr Weiterkommen würde dich zwingen, dasselbe zu tun oder andernfalls hinterher zu hinken. Deine Angst weiterzukommen, ist genauso stark wie die der identifizierten Problemperson.

So ist es möglich, daß du dich zum Beispiel in einer Problemsituation mit deiner Schwiegermutter über die Fusion mit deinem Ehegatten und seine übermäßige Loyalität beklagst und nicht bemerkst, daß du dich aus Angst vor Nähe und der Angst, den nächsten Schritt vorwärtsgehen zu müssen, unbewußt in einem geheimen Einverständnis mit deinem Ehepartner befindest.

Wenn du in Fusion mit deiner Schwiegermutter bist, wird dein Ehepartner meist von dir in die entgegengesetzte Ecke gesetzt. Wenn du von deiner Schwiegermutter weit entfernt bist, ist es wahrscheinlich, daß dein Ehepartner sich mit ihr in Fusion befindet. Was immer es sein mag, du bist dabei, deine frühe Kindheitserfahrung erneut zu leben. Das ist der Zeitpunkt, an dem es möglich ist, mit allen Beteiligten ein Gleichgewicht und wahre Bindung zu schaffen.

# Übung

Da „Zentrieren" eine sehr wirkungsvolle Übung ist, um alte Muster zu entfernen und dich von gegenwärtigen Problemen zu befreien, werden wir eine weitere Übung machen:

Frage als erstes, inwieweit das gegenwärtige Problem mit deinem Partner dich an eine Situation in deiner ursprünglichen Familie erinnert. Frage dich, wie alt du warst, als es zuerst begann, wer anwesend war und was geschah.

Nach mehr als zwei Jahrzehnten Therapie entdeckte ich ein seltsames Phänomen: Wenn jemand ein Trauma im Alter von vier Jahren hatte, hatte das Muster im vierten Monat im Mutterleib begonnen. Wenn es ein Problem bei der Geburt gab, gab es ein damit zusammenhängendes Problem bei der Empfängnis. Wenn es ein Trauma im Alter von zehn Jahren gab, dann überprüfte ich das erste Jahr nach der Geburt und den ersten Monat nach der Empfängnis. Während du dir vorstellst, was geschah, als du im Mutterleib warst, erlaube deiner Intuition (was auch immer in deinen Sinn „springt"), dir mitzuteilen, was während des Monats passierte, der der verletzenden Situation, an die du dich aus der Kindheit erinnerst, entspricht. Frage dich, mit wem das Problem zu tun hatte, was das Problem war und welche Entscheidungen du damals getroffen hast.

Schließe dann deine Augen und fühle oder stelle dir vor, daß du dich mit deiner ursprünglichen Familie in der Situation befindest, die du ausfindig gemacht hast. Bitte dein Höheres Selbst, dich in dieser damaligen Situation in deine Mitte zurückzubringen. Bitte dein Höheres Selbst, deine ganze Familie in dieser Situation zu ihrer Mitte zurückzubringen.

Bitte nun, daß du in deiner gegenwärtigen Situation zur Mitte zurückgebracht wirst und daß jeder, der damit verbunden ist, zu seiner Mitte zurückgebracht wird. Du wirst erkennen, wann dies vollzogen ist, daß du Frieden spüren wirst, selbst wenn du an die Person denkst, mit der du Probleme hattest.

## 16. Sich mit seinem Partner zu verbünden wird Heilung bringen

Das einzige wirkliche Problem, unter dem wir leiden, ist Trennung – in dem Sinne, daß wir unsere Interessen als von denen anderer verschieden ansehen. Psychodynamisch erzeugt diese Trennung, die mit Angstgefühlen und Angriffsgedanken einhergeht, eine schnelle Vermehrung der Probleme, die wir erleben. Wenn wir uns getrennt fühlen, handeln wir auf konkurrierende Weise, um unsere Interessen zu verfolgen, wobei wir die Interessen der Menschen um uns herum außer acht lassen und Einwände dagegen erheben. Selbst wenn wir den Konkurrenzkampf gewinnen und dann mehr als andere haben, führt das naturgemäß zur Entfremdung. Dabei wird das Gefühl der Trennung sowohl durch Gewinnen als auch durch Verlieren verstärkt. Nur Zusammenarbeit und Gegenseitigkeit können uns zu Verbindung und Intimität führen.

Fusion, die ein Verwischen persönlicher Grenzen ist, hat nichts mit Verbindung gemein. In einer Fusion haben wir das Gefühl, geopfert und unterdrückt zu werden, was uns wiederum dazu veranlaßt, zu flüchten oder mit Ärger und Angriff um uns zu schlagen. Wir versuchen damit, unsere Verschiedenheit aufrechtzuerhalten. Verbindung auf bewußter Ebene heißt zu erkennen, daß anderen zu geben bedeutet, sich selbst zu geben; genauso wie einen anderen anzugreifen oder zu verurteilen bedeutet, sich selbst anzugreifen und zu bestrafen. Verbindung meint, einem Menschen nahe zu sein, wobei du bei ihm „verweilst", statt ihn zu einem Objekt zu machen, das du benutzt, angreifst oder zum Sündenbock machst.

Es ist wichtig, wenn du dich mit anderen verbinden willst, zu lernen, die Reinheit des Herzens zu praktizieren. Damit ist der Wunsch verbunden, niemandem zu schaden. Die Reinheit des Herzens trifft dann eine andere Entscheidung, wenn du bemerkst, daß du Gedanken hegst, die nicht liebender Natur sind. Reinheit des Herzens wird nicht in andere verborgenere Formen des Angriffs wie Ängstlichkeit, Qual, Kummer, Sorgen, Lust, „konstruktive" Kritik usw. umgemünzt. Jeder Gedanke, der nicht auf Liebe und Vertrauen gründet, ist ein Angriff. Jeder Gedanke ist entweder liebevoll oder greift den anderen an; es gibt keine neutralen Gedanken. Du machst einen Menschen zu einem Objekt, indem du entweder negative Gefühle auf ihn projizierst (und ihn somit verurteilst und angreifst) oder positive Eigenschaften auf ihn projizierst, um ihn zu einem Objekt zu machen, das deine Bedürfnisse befriedigen kann.

Reinheit des Herzens weiß, daß du erntest, was du säst, und daß du alles, was du anderen antust, dir selbst antust. Sich zu verbinden, bedeutet, zu erkennen, daß alle Dinge, die wahr sind, dem allgemeinen Wohl dienen. Es heißt zu erkennen, daß immer dann, wenn du um etwas kämpfst, das mehr als die Liebe eines anderen gewinnen will, Enttäuschung das Ergebnis sein muß. Dort, wo du mehr zu erreichen suchst, sei es Schönheit, Intelligenz, Geld, Macht usw., dort wirst du zwar etwas erreichen, aber du wirst nur flüchtiges Glück, wenn überhaupt, finden. Es ist wahrscheinlicher, daß diese Suche zur Desillusionierung und zum Leiden führen wird.

Wer sich verbindet, weiß, daß jede Fusion oder jeder Konkurrenzkampf in Wirklichkeit ein Mittel ist, den nächsten Schritt nicht tun zu müssen. Beide sind Methoden, zu versuchen, etwas von einem anderen zu nehmen. Dies hält dich auf und bringt dich dazu, in der falschen Richtung nach deinem Glück zu suchen. Du verfällst dann dem größten Fehler, den ein Mensch begehen kann, anderen einen zweitrangigen Platz im „Film" deines Lebens zuzuweisen und sie dadurch lediglich zu Objekten zu machen, um deine Bedürfnisse zu befriedigen. Dies wird unweigerlich Ärger mit sich bringen, wenn sie die Rolle, die du ihnen zugewiesen hast, nicht akzeptieren, oder es wird zu Langeweile führen und möglicherweise dazu, daß du das Opfer auf dich nehmen mußt, sie zu „tragen", für den Fall, daß sie die Rolle annehmen.

66

Dich wirklich mit anderen zu verbinden, führt dich tatsächlich weiter. In dieser echten Verbindung werdet ihr beide zu einer neuen Ebene der Intimität und zu einer neuen Ebene des Vertrauens emporgehoben. Es gibt ein gemeinsames Band, das in der Intimität entsteht, das Menschen das Gefühl eines gemeinsamen Ziels, einer gemeinsamen Menschheit und einer Familiengemeinschaft gibt. Es ist der Anfang der Erfahrung, daß wir alle füreinander hier sind. Es scheint so, daß wir das wissen, wenn die Dinge zum Höchsten und Besten stehen. Sich verbinden gibt dir das Gefühl, gemeinsam zu gewinnen. Sowohl die Liebe als auch die Freude, die aus der Verbundenheit resultieren, werden wachsen.

Sich verbinden ist eine Form des Gebens und Vergebens, die dich zu dem Strom des Lebens zurückbringt. Sie erlaubt dir und demjenigen, mit dem du dich verbindest, gemeinsam voranzuschreiten.

# *Übung*

*1. (Wahlweise Musik, die dich inspiriert)*

*2. Stelle dir vor, daß dein Partner sich in einem großen Raum dir gegenüber befindet und daß die physische Entfernung zwischen euch in Wirklichkeit der inneren Distanz, der Trennung und der Verurteilung zwischen euch entspricht. Stelle dir vor, daß jeder Schritt auf ihn zu ein Schritt der Heilung dieser Distanz ist. Mache Schritt um Schritt vor deinem geistigen Auge auf ihn zu, soweit du willens bist, den Abgrund zwischen euch zu überbrücken. Halte deine Augen auf ihn gerichtet, und so, wie du willens bist, in deinem Leben voranzuschreiten, schreite auf ihn zu.*

*Wenn du Widerstand spürst, spüre einfach dem unangenehmen Gefühl nach, bis es verschwunden ist, und bitte dein Höheres Selbst um Hilfe.*

*Jeder Schritt, den du auf ihn zugehst, ist ein Schritt hin zur Beendigung von Konflikten in der Welt und ein Schritt hin zum Zustand der Reinheit des Herzens. Jeder Schritt auf ihn zu ist ein Schritt, uns alle in einer Familiengemeinschaft einander näherzubringen.*

*Wenn du schließlich deinen Partner erreichst, schau ihm in die Augen und sieh das Kind in seinem Inneren, das deine Liebe möchte, das deine Liebe erfleht, das um deine Liebe ersucht. Strecke die Hände aus und ergreife seine Hände. Höre seinen Hilferuf, gerettet zu werden, seinen Ruf, dich zu retten.*

*Stelle dir jetzt vor, daß die Person, die sich vor dir befindet, ein Teil von dir selbst ist, den du verurteilt, zerstückelt und unterdrückt hast, und daß du schließlich gekommen bist, um dich zu erlösen, um dir zu vergeben.*

*Integriere den Teil von dir, der verloren war, der eine unsichtbare Barriere bei deinem Voranschreiten verursacht hat, zu einem Ganzen.*

*Stelle dir vor, daß die Person vor dir lediglich eine unge-
heure Menge Energie in der Form eines Menschen ist. Strecke
deine Arme aus und umfasse die Energie mit deinen Armen, und
stelle dir mit Hilfe deines Höheren Selbst vor, daß sie in dich
zurückfließt und die Lücke in dir füllt, die du erzeugt hast, als du
dich selbst angegriffen hast.*

*Nimm dir nun etwas Zeit, um die Bewegung des Strömens und
Fließens in deinem Inneren zu spüren.*

## 17. Im Leben geht es um Glücklichsein und um Heilung

*Im* Leben geht es um Glücklichsein und Freude. Aber Glück ist so flüchtig wie ein Schmetterling. Es zu jagen, heißt, es zu vertreiben. Still zu sitzen oder deinem wahren Ziel zu folgen, erlaubt ihm, auf ganz natürliche Weise zu dir zu kommen. Glücklichsein kommt von Liebe und Kreativität. Es kommt daher, daß du die Erfüllung deines persönlichen Zieles anstrebst und als Teil der Evolution der Welt lebst. Wenn du nicht gücklich bist, kannst du den Mangel daran als Hinweis darauf benutzen, daß du mehr heilen, lernen und verändern mußt. Heilen, Lernen und Veränderung bringen die Bedingungen hervor, die für Glücklichsein nötig sind.

Nehmen wir wieder deinen Partner. Wenn du in der Situation mit ihm noch nicht glücklich bist, bist du wahrscheinlich in einem chronischen schmerzvollen Gefühlsmuster gefangen. Das bedeutet, daß es eine Anzahl von fortbestehenden elementaren Gefühlen gibt, die durch deine Bereitwilligkeit zu heilen, zu lernen und zu wachsen, verändert werden könnten. In gewisser Weise ist diese Betrachtungsweise ein Rückblick auf das, was wir vorhin in einem neuen Licht erforscht haben.

Wenn du noch immer Klagen hast, bedeutet das, daß diese Beschwerde ein typischer Teil eines Musters ist, das mit irgend jemandem aus deiner Kindheitsfamilie begann. Was du jetzt erlebst, begann vor langer Zeit. Die Stärke des Ärgers entspricht der Zeitdauer, wie lange du es in dir trägst. Vergebung dem ursprünglichen Familienmitglied gegenüber hilft, die jetzt anstehende Vergebung und Heilung zu vereinfachen. In der Regel haben wir dem ursprünglichen Familienmitglied für etwas, was es getan oder nicht getan hat, noch nicht vergeben. In Wirklichkeit ist jedoch das, was der Betreffende nicht tat oder uns nicht gab, etwas, was wir ihm hätten geben sollen beziehungsweise wie wir hätten für ihn sorgen sollen. Was das Familienmitglied zu unserem Mißfallen tat, weist außerdem darauf hin, daß wir gekommen sind, ihm etwas als Geschenk zu geben. Wenn wir dieses Geschenk gegeben hätten, hätte uns das die negative Erfahrung dessen, was der Betreffende uns angetan hat, erspart. In der Regel haben wir das Problem gesehen, zu dessen Abhilfe wir gekommen sind, tadelten *uns selbst* dafür, daß es nicht gehört wurde, und nahmen dann die Opferrolle an, um zu versuchen, es besser zu machen. Dies war eine Verteidigung, um unsere Schuldgefühle zu verdecken, die bereits von Anfang an ein Irrtum waren.

Meist endete dies damit, daß wir dasselbe Problemmuster, das die anderen hatten, durch unsere Klagen über genau die Situation, die wir zu verändern gekommen waren, übernahmen. Solche Situationen sind es, die – meist unterbewußt – fortwährend Schuldgefühle, Mangel an Selbstwert und Minderwertigkeitsgefühle erzeugen. Solche Situationen sind es, die uns dazu verleiten, hart zu arbeiten und etwas zu *tun*, um die Gefühle der Wertlosigkeit zu kompensieren. Dennoch kann diese Situation leicht verändert werden, indem wir darum bitten, von unserem Höheren Selbst zu unserer Mitte zurückgebracht zu werden, und dann erlauben, daß die Gnade des Geschenks, das wir zu geben gekommen sind, erteilt wird. Dies ist der hauptsächliche Weg, den ich gefunden habe, die Familienfalle, die Beziehungs- und Opferprobleme erzeugt, zu entfernen.

Sowohl eigene Schuldgefühle als auch die Tendenz, anderen die Schuld zu geben, wollen unsere eigene Wichtigkeit, die eine Kompensation für das Gefühl der Wertlosigkeit ist, erhöhen. In deiner Mitte zu sein und das Höhere Selbst durch dich wirken zu lassen stellt deinen Wert wieder her und erlaubt der Kreativität zu fließen. Kreativität zu *machen* verringert oder behindert sie. Kreativ zu sein heißt, sie durch dich fließen zu lassen und dir dadurch Freude zu verleihen. Sowohl eigene Schuldgefühle zu haben als auch andere zu tadeln, lenkt eine unheilvolle kompensierende Aufmerksamkeit auf dich, durch die eine Leichtigkeit des Lebens nicht aufkommen kann.

Benutze jedes Anzeichen von Schwierigkeiten in deinem Leben als Hinweis darauf, daß du versuchst, etwas zu tun und für dieses Tun einen Vorteil einzuheimsen (was ein Zeichen für verborgene Schuldgefühle und abwehrende Kompensation ist). Jemanden zu tadeln hält dich eben dadurch in der Opferrolle fest. Dies verleiht dir außerdem den falschen Glanz und überträgt die egozentrische Haltung des Opfers. Es verursacht die Blindheit, deinen Teil dabei nicht zu erkennen, die Schuldgefühle, die folglich in dir verborgen bleiben und nicht freigesetzt werden können. Daran festzuhalten, andere zu tadeln, hält dich in Schuldgefühlen gefangen, was dich wiederum davon abhält voranzuschreiten, und was dich dazu verleitet, Wege zu finden, um dich selbst zu bestrafen.

Die nächst größere psychologische Dynamik, die es nun zu untersuchen gilt, ist in Wirklichkeit die Angst, voranzuschreiten, die diese verborgene oder nicht so verborgene Schuld unterstützt. Dir selbst und anderen zu vergeben, bringt dich naturgemäß weiter. Schuldgefühle und die Neigung, anderen die Schuld geben, unterstützen dein Steckenbleiben. Ein Zweck von Schuldgefühlen und Tadel ist, dich davon abzuhalten, voranzuschreiten, und das, was dir Angst macht, anzuschauen.

Angst vor der Zukunft zu haben ist eine andere Weise, um dich selbst in unangemessener Weise wichtig zu nehmen. Unangemessene Aufmerksamkeit auf sich selbst fördert falschen Glanz, der entweder die Form einer übersteigerten Persönlichkeit oder die Form von Enttäuschung/Scham annimmt. Jeder Bereich, in dem du keinen Erfolg hast, ist ein Bereich, in dem du in Wirklichkeit erfolgreich einige unterbewußte Bedürfnisse erfüllst, die für dich wichtiger als dein äußerer Erfolg sind. Diese anderen Bedürfnisse sollen dich mit der Vergangenheit versöhnen und sind versteckte Formen, zu *bekommen* statt zu empfangen oder erfolgreich zu sein. Noch einmal: Sie sind eine Form falschen Glanzes, das Verlangen nach besonderer Aufmerksamkeit, die man wegen seiner Siege oder wegen seines Strebens nach Macht erhält.

Falscher Glanz verbirgt einen Ort zukünftiger Enttäuschung, weil er auf Vergleich basiert, der früher oder später immer zu Schamgefühlen und Schmerz führt. Glücklichsein und Kreativität legen keine unangemessene Betonung auf dich selbst, sondern erlauben, daß alles sich im richtigen Verhältnis befindet. Dein persönliches Lebensziel erlaubt dir, deinen Anteil am Weltplan zu sehen; so siehst du dich selbst als Teil des Ganzen, als Faden im Gewebe ohne die unangemessene Überbetonung, die zu Schmerzen führt. Falscher Glanz ist ein fehlgeleiteter Versuch, sich mit Schmerzen und Bedürfnissen aus der Vergangenheit zu versöhnen.

Wenn du Angst hast voranzuschreiten, liegt das schließlich daran, daß du befürchtest, etwas zu verlieren, an dem du festhältst. So erlaubt dir dein Kampf mit deinem Partner, das zu behalten, woran du festhältst und woraus du wahrscheinlich schon herausgewachsen bist. Er verbirgt etwas, was dich deiner Meinung nach glücklich machen würde, was dich in Wirklichkeit aber nicht glücklich gemacht hat und wahrscheinlich in der Opferrolle hält. Es ist etwas außerhalb deiner selbst, und alles außerhalb deiner selbst kann lediglich zu flüchtigem Glück und schließlich zu Enttäuschung führen. Es ist so etwas wie ein Götze, den du auf der Suche nach Glück verehrt hast. Überbewerte nicht irgend etwas, was dich niemals gänzlich befriedigen kann, und mache nicht etwas Wahres – wie eine zwischenmenschliche Beziehung – zu etwas Unwahrem, zu einem Götzen. Dadurch würdest du etwas, was eine Quelle der Gnade ist, auf eine Stufe bringen, auf der es nur um Genuß, Bequemlichkeit oder Machtkampf geht. Untersuche heute ehrlich, woran du möglicherweise festhältst, was dir nicht mehr dient, was nicht die Wahrheit ist und dich davon abhält voranzuschreiten.

Jeder Schritt, den du vorwärts machst, läßt deine Ego-Persönlichkeit ein wenig mehr schwinden und deine Liebe und Schöpferkraft zum Vorschein kommen. Es ist wirklich die Liebe und die Schöpferkraft des Himmels, die durch dich zum Ausdruck kommt und dich und die Menschen um dich herum begnadet.

Wenn du etwas nur aus dir heraus tust, ist es deine Ego-Persönlichkeit, die handelt, was bedeutet, daß du niemals an den Punkt kommst, wahrhaft empfangen zu können, sondern lediglich zu genießen. Genuß ist nur die eine Hälfte eines brutalen Kreislaufs, der aus Genuß-Aufopferung besteht, wie das Sprichwort sagt: „Fressen und gefressen werden".

# *Übung*

*Untersuche heute die Situation noch einmal. Was ist vonnö-
ten? Vergebung? Zentrierung? Den nächsten Schritt zu unter-
nehmen? Loszulassen?*

*Was immer es sein mag, es ist nichts, was du tun mußt. Tau-
sche nicht ein Problem gegen ein anderes ein. Laß dein Höheres Selbst durch dich handeln, durch dich hindurch. Halte dich
selbst nicht zurück, indem du dich auf übertriebene Weise selbst
positiv oder negativ bewertest. Wenn du dir selbst nicht im Weg
stehst, wird das Glück zu dir kommen.*

# 18. Dein Partner ist keine Falle

$\mathcal{D}$ein Partner ist keine Falle, es sei denn, du machst sie zu einer. Eine Falle ist eine Situation, in der du steckengeblieben bist, die dich dazu bringt, dich aufzuregen statt voranzuschreiten. Sie verhindert Frieden und es ist Frieden, aus dem Freude, Liebe und Entwicklung entstehen.

Keine Situation, ganz gleich, wie schrecklich sie sein mag, darf als Hindernis für Frieden benutzt werden, da nur durch Frieden alle Dinge vorankommen. Es ist Friede, durch den sich alle Dinge wohlwollend und naturgemäß entfalten. Jede extreme Situation kann auch eine Gelegenheit als Sprungbrett nach vorne auf eine neue Ebene des Bewußtseins sein, und sie kann dir eine Möglichkeit bieten, das zu heilen, was in dir zerbrochen ist. Sie ist eine Prüfung oder eine Einladung, auf eine neue Ebene des Seins zu gelangen . . . eine, die du freiwillig annehmen kannst, oder eine, zu der du gezwungen werden mußt. Das hängt von dir ab.

Eine Falle kann dazu benutzt werden, um dich davon abzuhalten, voranzuschreiten, weil du dich vor dem nächsten Schritt fürchtest. Eine Falle kann benutzt werden, um eine Gabe, eine Gelegenheit oder ein Talent zu blockieren, weil du dich davor fürchtest, das Ego aufzugeben, das die Verwirklichung jener Gaben nicht zuläßt. Eine Falle wird auf Schuld aufgebaut, einer Art schlechten Gefühls, das dich zurückhält und vom Strom des Lebens fernhält. Eine Falle läßt dich selbstbezogen sein, wenn die anderen deine Hilfe am meisten benötigen. Sie läßt dich egozentrisch sein und in Selbstsucht schwelgen, wenn es höchst wichtig ist, daß du dich selbst ausweitest, sowohl für dich als auch für andere.

Eine Falle ist eine Blockade, die auf der Trennung in der Welt aufbaut und den Glauben, steckengeblieben zu sein, den Glauben an Zerstörung und Tod verstärkt. Durch unsere Fallen und Begrenzungen hindurchzugehen, ist das Beste, was wir für die Evolution der Welt tun können. Jeder Schritt vorwärts inspiriert und lehrt andere, dasselbe zu tun, und gewährt eine Gnade, die andere heilt. Er gibt gleichermaßen anderen die Erlaubnis und unterstützt sie dabei, das gleiche zu tun. Es ist gut möglich, daß wir nicht durch alle Begrenzungen, die uns umgeben, hindurchkommen, aber jede einzelne Beschränkung, die wir hinter uns lassen, hilft, das Minenfeld für diejenigen, die nach uns kommen, zu säubern. Dies ist höchst hilfreich für unsere Kinder.

Einer der grundlegenden Möglichkeiten, einer Falle zu entkommen, ist zunächst zu erkennen, daß du in eine hineingeraten bist. Eine Falle ist ein Problem, bei dem du dich vor einer Lösung fürchtest, weil sie von dir verlangt, dich in irgendeiner Weise zu verändern. Wann immer ein Problem auftaucht, taucht gleichzeitig eine Lösung auf. Wenn du den Mut hast, sie zu akzeptieren, wird alles gedeihen. Die Lösung unmittelbar zu finden heißt, keine Zeit zu verschwenden. Wenn du Zeit verschwendest, verschwendet die Zeit dich.

Wenn du einmal bemerkt hast, daß du dich in einer Falle befindest, kannst du dein wirkungsvollstes Werkzeug benutzen: die Macht deiner Wahl. Du kannst wählen, nicht in der Falle steckenzubleiben.

# Übung

*Benutze für die Lösung eines Problems mit deinem Partner oder in jeder Schwierigkeit deines Lebens, in der eine Falle vorhanden ist, die folgenden Feststellungen, um dich von einer Zwangslage zu befreien, damit du wieder inneren Frieden erleben kannst. Benutze diese Kraftworte, die dir helfen voranzuschreiten. Sie werden die Falle beseitigen oder zumindest einen größeren Teil davon auflösen. Gebrauche sie so oft, wie es notwendig ist. Fülle die Worte mit deiner Energie, deinem Willen und der Macht deiner Entscheidungskraft.*

*Ich werde dieses Problem nicht als Falle benutzen.*

*Ich werde es nicht als Grund zulassen, steckenzubleiben oder für Zerstörung und Tod zu benutzen.*

*Ich werde es nicht dazu verwenden, mich zurückzuhalten.*

*Statt dessen will ich es als Mittel für Wahrheit, Frieden und einen Sprung nach vorne verwenden.*

# 19. Konkurrenzkampf
## ist eine Form der Verzögerung

*D*ies ist ein höchst wichtiges Gesetz, weil es im Zusammenhang mit der Ursache für alle Schmerzen, für jede Art Abhängigkeit steht. Konkurrenzkampf ist nicht nur bei jeder Form der Trennung, die Angstgefühle erzeugt, vorhanden, sondern auch bei jeder Form der Anhaftung, bei jedem Götzen, den wir als Quelle unseres Glücks ansehen.

Konkurrenzkampf verbirgt in Wirklichkeit die Angst vor dem nächsten Schritt. Wenn sie vorhanden ist, entsteht der zerstörerische Wunsch, deinen Opponenten zu besiegen, und so wird das wirkliche Thema außer acht gelassen. Anstatt nach vorne zu schauen und die Integration oder Partnerschaft zu suchen, bei der jeder gewinnen kann, schaust du nach jemandem aus, mit dem du wetteifern oder dich in einem Konflikt messen kannst, wobei du der Meinung bist, daß der Sieg über ihn dir irgendwie das gibt, was du brauchst.

Konkurrenzkampf beginnt in einer Familie ohne Bindung. Angstgefühle, das Bewußtsein von Mangel und das Gefühl von Trennung diktieren gewisse Familienrollen, die sowohl persönliche Kompensationen sind als auch ein Versuch, die Familie ins Gleichgewicht zu bringen. Aber diese Abwehrformen haben keinen Erfolg und können im günstigsten Fall nur das gegenwärtige Familiendilemma aufrechterhalten. All dem liegt die Angst vor Verlust zu Grunde, die Mangel und Konkurrenz begünstigt.

Konkurrenzkampf ist eine Abwehr, die in Wirklichkeit das, was sie zu verhindern versucht, erschafft. Konkurrenzkampf erzeugt fortwährend Angst vor Verlust, selbst wenn du gewinnst. Er leugnet außerdem die einzige Quelle wahren Erfolgs, die in Integration und Zusammenarbeit besteht. Vor Jahren hat Buchminster Fuller bewiesen, daß innerhalb von zehn Jahren der ärmste Mensch reicher wäre als der reichste Mensch heutzutage, wenn die ganze Welt zusammenarbeiten würde. Aber wir leugnen immer noch, was auf der Hand liegt. Nur durch wechselseitiges Aufeinander-Angewiesensein und die Erkenntnis der Gegenseitigkeit von Interessen können wir länger anhaltenden Erfolg haben.

Konkurrenzkampf ist eine Methode, durch die man zu gewinnen versucht, indem man den anderen zu einem Objekt macht, um das Selbstkonzept von sich selber aufrechtzuerhalten. Aber jedesmal, wenn wir den anderen, der unsere Wünsche erfüllen soll, zum Objekt erniedrigen, erniedrigen wir uns selbst zum Objekt und trennen uns von ihm. Dabei verwandeln wir eine Situation, die Freude und Glück in sich birgt, in eine des bloßen Genießens, die kein Empfangen erlaubt.

Dabei ist die echte Freude verlorengegangen, weil sie durch das Erstreben von Schadenfreude, die durch das Gefühl der Überlegenheit erreicht werden wollte, verdrängt wurde. Natürlich ist das, was man zu beweisen versucht, das, was man an sich selbst bezweifelt; so bleibt der brutale Zirkelschluß aus Gewinnen-Verlieren ungebrochen. Beim Konkurrenzkampf ist Siegen nie genug, weil Selbstkonzepte auf Selbstzweifeln aufgebaut sind. Freude kann nur im „Sich-miteinander-Verbinden" gefunden werden. Haben wir erst einmal erkannt, welche Macht zwischenmenschliche Beziehungen in sich bergen, uns zu verwandeln und dem Vertrauen und der Ganzheit näherzubringen, werden wir Konflikte dadurch zu lösen versuchen, daß wir uns auf Partnerschaft, gemeinsame Schöpferkraft und Einheit zubewegen. Erfolg gewinnt dann die Bedeutung, mit anderen zusammen erfolgreich zu sein. Je mehr wir uns gegenseitig einbringen, um so größer der Erfolg.

Beim Konkurrenzkampf suchen wir unsere Bedürfnisse durch den anderen zu befriedigen, und die anderen suchen ihre Bedürfnisse durch uns zu befriedigen. Genau dies verdunkelt die Tatsache, daß nur dann, wenn einer von beiden einfach den nächsten Schritt machen würde, beide Seiten auf eine neue Ebene, zu einer neuen Integration und zu einem neuen Verständnis geführt werden könnten, bei dem beide gemeinsam gewinnen würden. Es gibt keine Beziehungsprobleme ohne eine Form von Konkurrenzkampf. Konkurrenzkampf zerstört zwischenmenschliche Beziehungen auf heimtückische Weise.

Denkst du nach allem nicht, daß du in Wirklichkeit ein besserer Mensch bist als dein Partner? Bist du nicht letztlich ein moralisch überlegener Mensch? Tröstest du dich nicht damit? Möglicherweise denkst du sogar, daß der Sieg über einen anderen Menschen – wie deinen Partner – natürlich und gerechtfertigt ist.

Genau diese Art zu denken wird jede zwischenmenschliche Beziehung beeinflussen, einschließlich deiner engsten Beziehungen. Denn jede zwischenmenschliche Beziehung, in der du konkurrierst, ist in Wirklichkeit eine unterbewußte Widerspiegelung des Konkurrenzkampfes in deiner dir wichtigsten Beziehung.

Konkurrenzdenken erzeugt Machtkampf, sehr subtil oder auf andere Weise, und es erzeugt eine Art Leblosigkeit in zwischenmenschlichen Beziehungen. Die Leblosigkeit ist lediglich ein Rückzug, der Kampf widerspiegelt. Durch die Leblosigkeit kann ein Paar einen Kompromiß oder eine Anpassung an den anderen erreichen, aber keine Lösung auf Gegenseitigkeit. Leblosigkeit ist eine Art, zum anderen zu sagen: „Du denkst vielleicht, daß du hier gewonnen hast, indem du deine Bedürfnisse durch mich befriedigt hast, aber was du für mich hältst, ist lediglich ein Faksimile aus Pappe, das ich statt meiner da gelassen habe, als ich mich zurückzog."

Eine seltenere Form des Konkurrenzkampfs, jedoch nicht weniger tödlich in ihrer Macht, Entwicklung zu verzögern oder aufzuhalten, ist Anhaftung. Nur durch Anhaftung an jemanden kannst du dich verletzt oder enttäuscht fühlen. Deine Anhaftung ist eine Form des Mangels, eine Form des Vampirismus. Es ist eine falsche Form von Liebe, die leicht zu Verletzungen führt. Liebe empfindet nur Geburtsschmerzen, wenn dein Herz wächst. Sie ist keine Form der Verletzung, die entsteht, wenn etwas, an dem man festgehalten hat, verloren geht, oder wenn du zurückweist, wie sich ein anderer verhält.

Es gibt in Wirklichkeit zwei Formen des Konkurrenzkampfes bei Anhaftungen. Eine besteht darin, den anderen zu benutzen, um seine eigenen Bedürfnisse zu befriedigen. Der zweite Aspekt besteht darin, mit anderen nicht das zu teilen, was du hast, oder von irgendeiner Sache oder einem Menschen mehr haben zu wollen als ein anderer. Dies ist die Grundlage von Anhaftung oder der Erschaffung eines Götzen. Wenn eine Anhaftung verlorengeht oder ein Götze gefallen ist, scheinen unsere Träume zerstört zu sein, und wir erleben eine Desillusionierung. Diese Enttäuschung ist es, die uns dazu bringt, sterben zu wollen. Es ist der Schmerz über diesen Verlust, der unsere Evolution behindert.

In gewissem Sinne kann Wachstum als eine Bewegung von einer Desillusionierung zur nächsten gesehen werden oder zumindest als ein ständiges Aufgeben von Anhaftung, eine nach der anderen. Wenn eine Desillusionierung geschieht, zerfällt unser Selbstkonzept, das darauf aufgebaut ist, besser als der andere zu sein. Wir fühlen uns dann todunglücklich, wertlos und wie ein Versager. Dennoch sind auch dieses lediglich Selbstkonzepte oder Kompensationen, die die wahre Güte in uns verbergen.

Konkurrenzkampf ist auch schnell dabei, Fehler bei anderen zu finden und sie zu berichtigen. Berichtigung ist eine Form der Arroganz, die uns anhält, nach Fehlern bei den Menschen um uns herum zu suchen, statt freudig danach zu schauen, was unser nächster Schritt ist. Wann immer wir einen anderen Menschen berichtigen, ist das ein sicheres Zeichen dafür, daß wir das vermeiden, was der Verbesserung in uns selbst bedarf.

Der beste Kampf ist keinesfalls ein Konkurrenzkampf, sondern er ist der Wunsch, persönliche oder globale Horizonte zu überschreiten und auszuweiten. Er schaut nach Gegnern als Mitspielern aus, die uns helfen, das Allerbeste in uns zu wecken.

# Übung

*Erforsche heute, was du durch den Konkurrenzkampf mit deinem Partner vermeiden willst. Wenn dir nicht gleich etwas einfällt, bitte dein Höheres Selbst, dir heute ein Zeichen zu geben, was du zu heilen, zu lernen, anzunehmen oder zu empfangen vermeidest. Bitte dein Höheres Selbst um Hilfe, dies zu heilen, anzunehmen oder zu empfangen und daraus lernen zu dürfen.*

*Erforsche Bereiche von Konkurrenzkampf in deinem Leben. Schreibe Selbstkonzepte auf, die du zu beweisen versuchst. Welche Glaubenssätze verbergen diese? Wenn du größere negative Selbstkonzepte entdeckst, denke daran, daß auch dies lediglich Konzepte sind, mit denen du dein wahres Wesen und dein Machtpotential zu verbergen suchst. Wir verbergen unser wahres Wesen und unsere Macht, weil wir Angst haben, gut zu sein oder alles zu haben und uns davor fürchten, was dann von uns erwartet werden könnte. Entdecke und erlebe diese Wahrheiten über dich selbst.*

*Folgende Stichworte sollen dir dabei helfen:*

*Wettstreit über ... ?*

*Positive Selbstkonzepte, die Kompensationen sind (die du zu beweisen versuchst) ... ?*

*Negative Selbstkonzepte, die die positven verbergen ... ?*

*Wahres Wesen und Ich ... ?*

*Wahrheiten ... ?*

## 20. Verstehen öffnet die Tür zur Vergebung, und Wertschätzung öffnet die Tür zur Liebe

*I*n Wahrheit gibt es nichts, was von irgend jemandem vergeben werden müßte. Wenn Vergebung erlangt ist, wird dies erkannt. Wenn innerer und äußerer Druck vorhanden sind, glauben die Menschen, sie würden das beste tun. Dennoch könnten wir es alle besser machen. Menschen machen Fehler. Menschen verfangen sich in Fallen und chronischen Mustern, und sie streben danach, in ihrem speziellen Spiel des Lebens oder durch ihre Weise, wie sie die Welt sehen, zu gewinnen, ohne dabei zu bemerken, daß sie zu etwas viel Größerem aufgerufen sind. Um sich frei zu machen, damit sie diesem Ruf folgen können, müssen sie ihr Lebenssystem oder die Wahrnehmung der Welt verändern.

Es gibt niemanden in deiner Welt, der zufällig in einer Falle gefangen ist (und dich anscheinend verletzt). Auf einer unterbewußten Ebene ist ein geheimes Einverständnis vorhanden. Wenn du nachschaust, wirst du einen verborgenen Konflikt in dir finden, der nach Heilung ruft, oder eine Gelegenheit zu lernen, die dich weiterbringen und stärken würde. Es ist deine Vergebung, die dir erlaubt, dieses leichter zu erreichen. Es ist eine Gelegenheit für dich, noch reiner im Herzen und noch unschuldiger zu werden.

Du hast wahrscheinlich durch deine Aggressionen, deine Angriffsgedanken und deine Opferrolle – die nichts als eine andere Form des Angriffs ist – bemerkt, daß du nicht völlig rein im Herzen bist. Du hast vielleicht bemerkt, daß selbst deine Aufopferung in dieser Situation in Wirklichkeit eine Manipulation ist, damit der andere das Spiel verliert und mehr als du opfern muß, damit du deinen Weg machen kannst. Diejenigen, die ganz sind, stellen keine Forderungen.

Du bist nicht zufällig, sondern aufgrund eines Planes hier, und du kannst viel dazu beitragen, dich selbst und deinen Partner voranzubringen durch deine Bereitwilligkeit, alle Ebenen dessen, was geschieht, zu verstehen. Wenn jemand einmal den anderen versteht, verspürt er keine Notwendigkeit mehr zu vergeben, da er bemerkt, daß lediglich ein Fehler passiert ist. Das Leben erzählt dir durch diese Umstände von einem Aspekt in dir, der zurechtgerückt werden kann. Wenn du die Lektion zurückweist, wird sie in der Regel zu einer Herausforderung für dich. Hier ist eine Chance für dich, von deiner Ganzheit zu erfahren, die dieser Konflikt vor dir verdunkelt.

Deine Anerkennung zum Ausdruck zu bringen, ist ein anderer möglicher Weg, um durch einen Konflikt (oder einen Bereich des Konflikts zu einer gegebenen Zeit) hindurchzugehen. Dies kann deswegen geschehen, weil Wertschätzung einen Fluß in Gang bringt, wohingegen Verurteilung und Beschwerden dich in der Situation festhalten. Die Anerkennung mag sich nur darauf beziehen, daß du schließlich diesen Konflikt als inneren Konflikt entdeckt und identifiziert hast, der dich, ohne daß es dir bewußt war, zerfressen und dir Energie geraubt hat, die den Konflikt verborgen hielt. Der Konflikt selbst besteht darin, daß zwei Energien einander bekämpfen, statt sich in einem aufbauenden, entfaltenden Prozeß zu verbinden. So hast du nun die Gelegenheit, die Dinge zurechtzurücken, sowohl in dir selbst als auch in bezug auf deinen Partner.

Wenn du es zu schätzen weißt, daß dieser Konflikt etwas ans Licht gebracht hat, was der Heilung bedarf, anstatt ihm zu erlauben, deine Energie auszusaugen, dann ist das an sich schon ein Beginn. Beachte, wie sehr es in diesem Buch darum geht, dich für Veränderung zu gewinnen und zu motivieren, mit der Situation in einem neuen Licht umzugehen. Motivation erschafft Veränderung.

# Übung

Stelle dir vor, wie sich dein Partner bei der Art und Weise, wie er handelt, fühlen muß. Bist du jemals in der Situation gewesen, dieses Gefühl zu empfinden? Erinnere dich daran, was du durchgemacht hast, als du dieses Gefühl hattest und wie es dich beeinflußte. Wenn du selbst dieses Gefühl zu gut kennst, kannst du dann verstehen, was dein Partner durchmacht? Es gibt wahrscheinlich ein Überbleibsel dieses alten Gefühls in dir, das den Konflikt verursacht. Dies ist die Gelegenheit, dich selbst davon freizumachen, indem du es nicht deinem Partner vorhältst.

Stelle dir vor, daß du dein Partner selbst bist. Stelle dir vor, wie es ist, wenn du morgens wie er aufwachst ... wie sich die Dinge anfühlen, wie die Welt für ihn aussieht, wie sein Tag verläuft, worüber er ständig nachdenkt. Stelle dir alle seine Interaktionen und Gefühle vor, bis er abends zu Bett geht. Nimm dir mindestens zehn Minuten Zeit für diese Übung.

Liste im Geiste oder auf einem Blatt Papier alle die Dinge auf, die du in Wirklichkeit an deinem Partner schätzt. Alle guten Eigenschaften, die er hat, jeden Gefallen, den er dir oder deiner Familie vielleicht erwiesen hat, oder jede Unterstützung, die er dir möglicherweise gegeben hat, sind Bereiche zum Nachforschen. Verweile in Gedanken bei diesen Dingen oder bei einem dieser Dinge, falls es für dich besonders herausragend ist. Diese Wertschätzung wird dich weiterbringen.

Da die bewußte Wahrnehmung deiner Ganzheit dich befreien wird, konzentriere dich heute darauf, indem du deinen Partner damit segnest. Zum Beispiel kannst du das folgende Segenswort für ihn heute in deinem Geiste wiederholen, oder benutze den Namen von irgend jemand anderem, der dir Kummer zu machen scheint, oder von irgend jemandem, der dir einfällt, indem du sagst: „Meine Ganzheit segnet dich, ......... (Namen). " Wiederhole dies den ganzen Tag über.

# 21. Dein Gleichgewicht hilft nicht nur dir selbst

$\mathcal{G}$leichgewicht ist ein Geisteszustand, in dem Frieden wohnt. Es ist Gelassenheit angesichts des Auf und Ab, das das Schicksal mit sich bringt. Es meint weder Passivität noch ist es ein statischer Zustand, sondern es bedeutet Reaktionsfähigkeit und Verbundensein. Es gibt und empfängt. Während es sich nicht auf sich selbst verläßt, hat es den Mut zu führen, und die Intelligenz, der Stärke der Gruppe und dem Höheren Selbst zu erlauben, Erfolg zu haben statt lediglich mit dem Status quo fertig zu werden.

Dein Gleichgewicht und dein Gleichmut sind ein Segen für deinen Partner und deine Familie, da diese sich auf die Beständigkeit des Gleichmuts im Gegensatz zu den Unwägbarkeiten von Emotionen und Stimmung verlassen können. Wenn auf Reize reagierende oder aggressive Energie deinen Weg kreuzt, erkennt Gleichmut still, daß Angriff ein Hilferuf ist, eine Chance, zu wachsen und zu erstarken und eine Gelegenheit für neues Lernen und mehr Kontakt.

Emotionen haben es an sich, sich gegenseitig hochzuschaukeln. Dies ist offensichtlich im Falle von Angst und Groll. Ein Mensch, der willens ist, nicht in eine auf Reize reagierende, emotionale Situation zu investieren, ist ein Mensch, der das vorhandene Muster verändern oder zumindest anfangen kann, es zu ändern. Dieser Mensch vermag– aufgrund seines Gleichmuts und seiner Vision - die Tür zur Hysterie und Aggression, die emotional als Reaktion auf eine Situation entstanden ist, zu schließen.

Jede Familie hat ein Gruppenbewußtsein, das sich ständig durch die Handlungen ihrer Mitglieder selbst im Gleichgewicht zu halten versucht. Eine Person, die sich um Wahrheit und ein elastisches Gleichgewicht bemüht, statt ständig das Familiendrama zu unterstützen, kann viel tun, damit sich die Familie zu ihrem Ziel hin entwickeln kann.

Eine andere Weise, deine Familie zu verstehen, besteht darin, jedes Mitglied deiner Familie so zu sehen, als ob es in Wirklichkeit einen unterbewußten Teil deiner selbst darstellt. Diese Teile sind in Wirklichkeit zerbrochene und unterdrückte Teile von dir. Wenn du die Teile deines eigenen Geistes, die jedes Mitglied deiner Familie repräsentiert, findest und diese Aspekte integrierst, wirst du einen entsprechenden Wandel unter den Familienmitgliedern feststellen. In gleicher Weise repräsentieren deine Freunde, Bekannte, Arbeitskollegen und selbst die Menschen, die du siehst und über die du liest, einen Teil deines eigenen Geistes.

Deine wechselseitige Beziehung mit diesen Menschen ist ein Maß der gegenseitigen Beziehung in deinem eigenen Geist mit dem Selbst, mit dem du dich identifizierst, und mit einer anderen Persönlichkeit, mit der du dich weniger identifizierst und die auf jemanden in deiner Umwelt projiziert wird. In gewissem Sinne befindet sich die Welt, wie du sie siehst, innerhalb deines Geistes, und ein wahrhaft engagierter Mensch kann viel Gutes in der Welt tun, indem er einfach seine Gedanken verändert und ihr Gleichgewicht erhöht. Dieses Gleichgewicht erlaubt es, daß Inspiration und Gnade zu genau dieser Situation durchdringen. Es ist das Maß und die Reife deines Gleichgewichts, das sowohl der Wahrheit als auch der Wertschätzung dessen, was wahrhaft wertvoll ist, den Weg öffnet.

Die ganze Welt ist unentwirrbar miteinander verwoben. Ein Akt der Freundlichkeit, Großzügigkeit oder Liebe vergrößert das Licht der ganzen Welt. Die Art, wie du mit denjenigen um dich herum, mit denen du wechselseitig verbunden bist, umgehst, kann die ganze Welt segnen. Einmal etwas aus ganzem Herzen zu geben, kann es einer Mutter auf der anderen Seite des Planeten ermöglichen, Nahrung für ihr hungerndes Kind zu finden. Ein Akt der Vergebung kann einen möglichen Selbstmörder in einer Entfernung, die der halben Welt entspricht, dazu bringen, das Gewehr von seinem Kopf wegzunehmen und eine andere Wahl zu treffen. Eine liebende Geste, eine von Herzen kommende Antwort können es ermöglichen, daß eine Quelle in der Wüste entspringt.

Umgekehrt spiegeln die Kriege in der Welt, ihre Hungersnöte und Plagen tiefe unterbewußte Muster in uns allen wider. Lediglich ein Mensch, der sich wahrhaft für die Menschheit und den Dienst am Nächsten engagiert hat, trifft Vorkehrungen für eine Heilung, die eine entsprechende Wirkung in der ganzen Welt erschaffen kann. In Wahrheit sind wir die Welt und ihre Menschen. Unser Gleichgewicht hilft unserer eigenen Evolution und unterstützt die Evolution des Planeten.

# Übung

Verbringe einige Minuten damit, über alle die Hilfeschreie in der heutigen Welt nachzudenken. Wenn es dir hilft, denke an alles in der Welt, was nicht Liebe ist. Diese Dinge sind Hilferufe. Wenn du willens bist zu helfen, wird es leicht sein, alle diese Hilferufe zu hören. Sei dir heute all derer, mit denen du in Kontakt kommst, bewußt, wobei du weißt, daß es kein zufälliges Zusammentreffen gibt. Nutze diesen Tag, um für sie, für die Welt und für dich selbst etwas zu verändern.

Benutze diese Hilferufe jedoch nicht als Instrument, um deine eigenen Ziele zu erreichen. Du kannst mit liebevollen Gedanken und einem Segen antworten. Deine Empfängnisbereitschaft wird ein Fließen erschaffen, wohingegen deine übermäßige Selbstbezogenheit nur eine Falle sein würde, um deinen Weg zu verlangsamen und dich selbst abzulenken. Dein Unterscheidungsvermögen und dein Gleichgewicht werden dir den Unterschied aufzeigen.

## 22. Ein Angriff auf deinen Partner ist in Wirklichkeit ein Angriff auf eine andere Person, die dir nahesteht

*J*eder Angriff auf einen anderen ist in Wirklichkeit ein Angriff, der deinem Partner oder demjenigen, der dir am nächsten steht, gilt. Es ist sehr viel einfacher, Ärger auf jemanden, der anscheinend außerhalb deiner Beziehung steht, zu verlagern, als sich des unerledigten Aspekts in deiner Beziehung, der dir Kummer bereitet, bewußt zu werden und damit umzugehen. Sich die Klagen über einen anderen unter diesem Aspekt anzusehen ist ein Weg, das, was unterbewußt ist, bewußt zu machen, so daß du damit umgehen kannst.

Außerdem ist das, was du jemandem vorhältst, in Wirklichkeit etwas, was du allen vorhältst, einschließlich deinem Partner. Wenn dein Partner das tun würde, was dich zum Beispiel bei deiner Schwiegermutter ärgert, würdest du es auch deinem Partner vorhalten. Und du tust es in Wirklichkeit auch, weil der Abstand, den du von einem Menschen hältst, in Wirklichkeit einen Keil zwischen dich und jeden anderen Menschen treibt.

Einem Menschen etwas zu vergeben heißt, allen Menschen zu vergeben, einschließlich dir selbst. Eine Angelegenheit vergeben heißt, deine Wahrnehmung derselben zu verändern, so daß du es entweder nicht länger als Problem wahrnimmst oder als Hilferuf wahrnimmst, auf den du leicht antworten kannst. In jedem Falle führt es zu Frieden.

Es bedarf einer natürlichen, intuitiven Fähigkeit oder einer guten Kommunikationsfähigkeit, um das verborgene Thema zwischen dir und deinem Partner aufzuspüren. Aber es lohnt sich, dies zu tun. Es lohnt sich deshalb, weil das verborgene Thema dich beeinflußt, selbst wenn du dir dessen nicht gewahr bist. Sich eines Problems bewußt zu werden heißt: Die Schlacht ist halb gewonnen. Es ist außerdem wichtig, sich der Tatsache bewußt zu sein, daß, sobald ein Problem erscheint, auch die Antwort bereits da ist. Obwohl unsere tatsächliche Erfahrung davon abweichen mag, ist es wichtig zu wissen, daß das Prinzip wahr ist, und unsere Antworten werden auftauchen, sobald wir wirklich bereit sind, sie anzunehmen. Alles, was notwendig ist, um die Antwort zu empfangen, ist unsere Bereitwilligkeit zur Veränderung. Manchmal ist es wichtig, sich von jedem Konflikt fernzuhalten, um Stille zu ermöglichen, damit die Antwort zu dir kommen kann. Der Lärm eines Konflikts blockiert sehr wirksam die Fähigkeit unseres Geistes, Antworten zu sehen, zu hören oder zu fühlen.

Wenn du mit einem Menschen eine Beziehung hast, mit dem du oder dein Partner nicht zurechtkommen, und du anfängst, die verborgenen oder nicht so verborgenen Ursachen, die mit diesen Schwierigkeiten zusammenhängen, zu erforschen, dann kann sich als eine Folge davon eine tiefgehende, fruchtbare und produktive Kommunikation zwischen dir und deinem Partner ergeben. Aber es ist wichtig, dies mit dem Ziel zu tun, daß eure Beziehung besser wird. Du kannst eine Verbindungsbrücke schaffen, wo vorher lediglich Konflikt herrschte.

Wenn du beginnst, das Konzept dieser Lektion zu erforschen, indem du deine Partnerbeziehung auf lockere Weise und mit einer positiven Einstellung reflektierst, kannst du sie tatsächlich auf eine neue Ebene heben. Solch eine Einstellung könnte zum Beispiel sein: „Angenommen, es ist etwas an diesem Konzept dran, und wir reden über diesen Konflikt mit dem Menschen, mit dem wir nicht zurechtkommen, als ob es sich tatsächlich um einen verborgenen Konflikt in unserer Partnerschaft handeln würde. Was haben wir zu verlieren, wenn wir dies untersuchen? Unsere Beziehung kann nur besser werden, wenn wir zusammenarbeiten, um eine neue Bindung herzustellen".

Dieses Prinzip kann der Beginn sein, das, was in unserer Partnerbeziehung unterbewußt ist, bewußt zu machen. Was wir aus der Dunkelheit ans Licht bringen, kann sehr viel leichter geheilt werden. Es ist außerdem wichtig, daran zu denken, daß ein verborgener zwischenmenschlicher Konflikt zwischen dir und deinem Partner in Wirklichkeit ein intrapsychischer Konflikt ist, ein

Konflikt in jedem einzelnen von euch. Er liegt in euer beider Verantwortung, und auf diese Weise könnt ihr ihn gemeinsam heilen. Auch wenn du keinen Ehepartner hast, gilt dies für jeden, über den du dich beklagst. Es betrifft besonders den Menschen, der dir am nächsten steht – dein Kind, deine Eltern, deinen Partner oder deinen Freund.

Die Anwendung dieser Methode kann nicht nur tatsächliche Veränderungen in deiner Beziehung bewirken, sondern auch entsprechende Veränderungen bei deinem Partner.

# Übung

Wenn dir jemand nahesteht, mit dem du in dieser Form sprechen kannst, dann wende dieses Prinzip an, um deine Partnerbeziehung zu erforschen. Dies kann zu den spannendsten und fruchtbarsten Gesprächen führen, die du dir vorstellen kannst. Wenn du die Einstellung hast, daß es in deiner Beziehung keine „bösen Buben" gibt und daß das, worauf du hinarbeitest, Unschuld und Freiheit für euch beide zusammen als Team ist, dann bist du auf eine Beziehungsebene vorgedrungen, die wechselseitige Verbundenheit in deiner Beziehung erzeugt und Inspiration und Vorbildfunktion für andere sein kann.

Falls du niemanden hast, um auf dieser Beziehungsebene nachzuforschen, dann geh in die Stille. Bitte um die Hilfe deines Höheren Selbst. Reinige dein Denken von allen nicht dazugehörigen Gedanken und sei offen für Eindrücke, Intuitionen und Gedanken, die in bezug auf deine Beziehungsprobleme in deinem Bewußtsein auftauchen. Schau dir an, wie diese Gedanken in ein Muster passen, das du früher erlebt hast.

Untersuche, ob du die Gefühle, die du jetzt deinem Partner gegenüber hast, früher bereits erlebt hast. Wem gegenüber hast du so gefühlt und was war der Inhalt deiner Gefühle? Wenn du einen Konflikt mit deinem Partner empfindest, dann bedeutet das, daß dieses Muster mindestens seit der Kindheit existiert. Wenn du dir dieses Musters gewahr wirst, bitte dein Höheres Selbst, es für dich aufzulösen.

## 23. An beiden Seiten eines Konflikts handeln die Menschen auf entgegengesetzte Weise und fühlen das gleiche

*I*n vielen Konflikten kommt es vor, daß Menschen auf völlig entgegengesetzte Weise handeln, z. B. als Täter und Opfer oder als Hysteriker und Stoiker, oder indem sie mit Kampf und Flucht reagieren. Dennoch erleben beide Parteien genau die gleichen Emotionen, selbst wenn sie sich dessen nicht bewußt sind. Zum Beispiel gibt es genauso viel Ärger oder Groll bei einem Opfer wie bei einem Täter, und Angst wird von beiden erzeugt, sowohl von Kampf als auch von Flucht. In jedem Konflikt haben wir das Gefühl, als ob unsere Position richtig ist, und wir kämpfen dafür, recht zu behalten. Wenn wir indessen erkennen würden, daß wir in Wirklichkeit das gleiche wie unser Gegner fühlen, kann dies zu einer Gelegenheit des Teilens, der gegenseitigen Identifikation und sogar der Anfang von Übereinkunft werden.

Der erste Schritt besteht darin zu erkennen, was du fühlst, wobei du daran denken solltest, daß solche Gefühle wie Groll in Wirklichkeit tiefergehende Emotionen wie Verletzungen, Angst und Schuldgefühle verbergen. Einer von euch handelt vielleicht in einer Weise, die euch trennt, um die Schmerzen nicht zu spüren, aber deine Abwehrmechanismen strafen dies Lügen. Wenn du mit den Gefühlen, die du empfindest, in Kontakt kommst, hast du die Grundlage für das Verstehen dessen, was der andere fühlt, geschaffen und von daher die Voraussetzung für die Erkenntnis der Beweggründe, warum er so handelt, wie er es tut. Du hast außerdem die Basis für Kommunikation geschaffen, weil es einen Punkt der Gegenseitigkeit gibt.

Der zweite Schritt besteht darin, den anderen zu Gesprächen einzuladen, wo dies möglich ist, z. B.: „Hast du Angst?" oder „Ich habe mich aus bestimmten Gründen schuldig gefühlt, und das hat sich auf unsere Beziehung ausgewirkt. Hast du auch negative Gefühle gehabt?". Oftmals ist es hilfreicher, wenn du deine Gefühle mitteilst und abklärst, ob der andere ähnlich fühlt.

Dies ist eine erste Gelegenheit zum Zusammenkommen und du schaffst einen Ort, an dem dein Verstehen den Beginn für größeres Vertrauen ermöglicht. Es kann auch der Beginn sein, die Selbsttäuschung, die in jedem Konflikt auf beiden Seiten vorhanden ist, aufzudecken. Da du bescheidener geworden bist und mehr Kontakt zu dir selber gefunden hast, entfernst du die Schicht der Unwahrheit, die den Konflikt erzeugt. Noch einmal: *Interessiere dich nicht so sehr für die Unwahrheit des anderen, sondern für deine eigene,* denn wenn du deine eigene entdeckst und heilst, wird die des anderen sich naturgemäß auflösen.

# *Übung*

*1. Komme in Berührung mit dem, was du in diesem Konflikt fühlst und spürst.*

*2. Fange an, über diese Erfahrung zu sprechen, und suche eine Ebene der gegenseitigen Übereinstimmung. Wenn diese gefunden ist, werdet ihr beide den anderen nicht mehr als Feind betrachten. Miteinander sprechen ist der Beginn der Vergebung. Du kannst sogar Partnerschaft verwirklichen, wenn du durch diese Erfahrung hindurchgehst.*

# 24. Kommunikation – das Herz der Heilung

Da Kommunikation zu Vergebung führt, ist sie das Herz der Heilung. Etwa 85 Prozent aller Konflikte scheinen dadurch heilbar zu sein, daß geklärt wird, was du erfährst und was deine Absichten und Zielsetzungen in der Situation sind. Die anderen fünfzehn Prozent stellen Bereiche chronischer Konflikte für beide Parteien dar, die nun an die Oberfläche gelangt sind, um geheilt zu werden. Um deine Sichtweise zu kämpfen, offen oder verdeckt, fördert weder den Reifeprozeß noch deinen Fortschritt. Obgleich es wichtig ist, sich selbst nicht überfahren zu lassen, deutet Kämpfen auf eine geschwächte, ängstliche und unreife Position hin.

Kommunikation kommt im Tiefsten aus einer Einstellung, bei der beide Parteien auf reife und integrierte Weise gewinnen können. Der erste Aspekt der Kommunikation besteht in der Bereitwilligkeit, ein Ziel zu setzen, bei dem beide Parteien gewinnen können, und nicht aufzugeben, bevor nicht das die Kraft entfaltende Ziel für beide erreicht ist. Wenn eine Spur von Opfergeist oder Kompromiß vorhanden ist (was darauf hinweist, daß die Gespräche nicht zu einer Lösung geführt haben), wird früher oder später das Gefühl entstehen, daß einer von euch beiden verloren hat, und der Konflikt wird wieder aufflackern.

Als nächstes ist es wichtig, die Gespräche mit der Bereitwilligkeit zu führen, zu lernen und sich verändern zu wollen, wenn du Erfolg haben willst; das Ziel deiner Kommunikation ist eher, *dich* zu ändern statt den anderen. Deine Veränderung wird naturgemäß seine Veränderung erleichtern. Der Versuch, den anderen zu verändern, wird seinen Widerstand verstärken und die Betonung auf den falschen Aspekt verlagern, ihn dahin zu bringen oder zu manipulieren, deine Bedürfnisse zu erfüllen. Du kannst dich niemals in einem Konflikt befinden, ohne daß es etwas darin zu lernen und zu heilen gibt.

Der nächste Schritt in der Kommunikation besteht darin, mitzuteilen, was nicht funktioniert oder worüber du aufgebracht bist. Die Erkenntnis, daß du niemals aus dem Grunde, den du vermutest, aufgebracht bist, erlaubt dir, deinen Partner im Gespräch zu beruhigen.

Es ist wichtig, eine Anzahl von Schutzmaßnahmen vorzunehmen, damit deine Kommunikation erfolgreich bleibt. Die erste ist, Unterscheidungsvermögen einzusetzen, statt naiv an die Sache heranzugehen. Gib dich nicht dafür hin, in irgendeiner Situation ausgenutzt zu werden. Sei wachsam, wenn der andere deine „Nettigkeit" gegen dich benutzt, um dich zu manipulieren. Sei wachsam, wenn der andere das Gespräch in einer Weise benutzt, die einem Vampir gleicht, um dir deine Energie zu entziehen und zu benutzen. Es ist wichtig, sich jedesmal dazu zu äußern, wenn du solche Empfindungen hast. Die meisten Menschen tun dies unbewußt und sind bereit, es zu unterlassen, wenn sie sich dieses subtilen Angriffs bewußt werden. Aber es gibt auch die Menschen, die dir gegenüber zu diesem Zeitpunkt keine guten Absichten verfolgen. Wenn du das wahrnimmst, dann ist es wichtig, daß du dich aus der Situation entfernst. Schreite du selbst mit klarem Bewußtsein voran und lasse den anderen lieber los, statt um des falschen Glanzes willen ihn retten zu wollen (und auf diese Weise der Überlegene zu sein), selbst zu fallen oder dich selbst aufzugeben, indem du dich als Opfer benutzen läßt.

Das Ziel deiner Kommunikation ist nicht, die Schuld des anderen auf dich zu nehmen, sondern zu einer Lösung zu kommen. Wenn du dann eingestehst, was nicht in Ordnung ist, und die Verantwortung für deine Erfahrungen übernimmst, inspirierst du deinen Partner dazu, bereit zu sein, die Kommunikation jetzt und in Zukunft fortzuführen. Er beginnt zu verstehen, daß es nicht das Ziel eurer Kommunikation ist, ihn ins Unrecht zu versetzen.

Damit das geschieht, solltest du erkennen, daß deine Erfahrungen in deiner Verantwortung liegen, und dann solltest du die zugrunde liegenden Gefühle und Erfahrungen so eindeutig wie möglich mitteilen. Als nächstes werde dir bewußt, auf welche

Weise dieses Gefühl oder diese Situation in Wirklichkeit Teil eines Musters ist, das für dich zu einem früheren Zeitpunkt und an einem anderen Ort entstanden ist. Dann teile diese Erkenntnis dem Menschen mit, mit dem du in Konflikt stehst. Wenn du soviel wie möglich davon aussprechen kannst, während der Kommunikation höchst wachsam bleibst und dich so weit wie möglich an den emotionalen Inhalt hältst, wirst du feststellen, daß die Kommunikation *dich* verändert und weiterbringt. Es ist *deine* Kommunikation, die *dich* verändert.

Außerdem kann deine Bereitwilligkeit, die Mitteilung des anderen zu empfangen, selbst wenn er sich nicht entsprechend deinen Prinzipien verhält, viel Bewegung auslösen. Jeder, der das Gefühl hat, daß er gehört wird, wird sehr empfänglich. Was den Erfolg bringt, selbst wenn dein Kommunikationspartner dich angreift, ist deine Bereitwilligkeit, dich nicht zu verteidigen, ist deine innere Bereitschaft, ein reines Herz zu bewahren. Um dies nun zum Erfolg zu bringen, ist deine Bereitwilligkeit notwendig, negative oder schmerzliche Gefühle, die möglicherweise bei dir aufsteigen, zuzulassen. Erkenne, daß diese Gefühle nicht erst kürzlich entstanden sind, sondern sich bereits eine geraume Zeit in dir befinden. Daß sie hochkommen, stellt eine Gelegenheit für dich dar, sie dadurch zu heilen, daß du sie durchlebst, bis sie vergangen sind. Dies kann sogar einen oder zwei Tage benötigen. Aber wenn es einmal zum Abschluß gekommen ist, wird diese Schicht aus Schmerzen für immer aufgelöst sein.

Es bedarf des Mutes, sich seine eigenen Gefühle anzuschauen, um sie zu heilen und sich weiterzuentwickeln, weil niemand von uns Schmerzen spüren möchte. Unglücklicherweise findet ein großer Teil unseres Lern- und Entwicklungsprozesses auf diese Weise statt. Unsere Bereitwilligkeit, in Situationen dieser Art zu lernen, kann uns an einen Punkt bringen, an dem wir nicht mehr vor unseren Schmerzen zurückschrecken, sondern sie für eine wirkliche Bewegung nach vorne benutzen. Diese Haltung grundsätzlich einzunehmen erübrigt unter Umständen sogar die Notwendigkeit, auf diese Weise lernen zu müssen.

Bei dieser Form der Kommunikation können alle Arten von Emotionen ausgelöst werden wie Schuldgefühle, Angst, Verletzungen, das Gefühl des Mangels, Groll und Frustration. Die Situation jedoch zu nutzen, um die Emotionen zu spüren, bis sie vergangen sind, bringt dich wieder mit deinen Gefühlen und mit dir selbst in Kontakt. In dem Maße, wie wir dies wirklich tun, wird Partnerschaft ermöglicht. Es entwickelt sich die Fähigkeit zu empfangen und möglicherweise die Erfahrung, sich über die Emotionen zu erheben bis hin zu Freude und in die höheren mentalen und spirituellen Bereiche hinein. Aber du kannst negative Emotionen nicht vermeiden. Du mußt sie heilen oder über sie hinausgehen, um weiter zu kommen.

Um eine erfolgreiche zwischenmenschliche Beziehung einzugehen, brauchst du erfolgreiche Kommunikation. Dies ist ein wesentlicher Faktor im Reife- und Evolutionsprozeß.

# Übung

1. Entschließe dich, ein Experte in Kommunikation zu werden. Dies wird dir für dein ganzes Leben dienlich sein.

2. Praktiziere die Prinzipien der Kommunikation aus dieser Lektion mit denjenigen Menschen, die dir nahestehen.

3. Praktiziere diese Prinzipien mit deinem Partner. Laß ihn wissen, daß die Beziehung mit ihm für dich so wertvoll ist, daß du sie durch Kommunikation verbessern willst. Respektiere seine Bereitschaft, mit dir daran zu arbeiten.

4. Falls dein Partner überhaupt nicht kooperativ ist, kannst du jemanden, der dir nahesteht, bitten, seine Rolle zu übernehmen. Laß ihn sich einfach „in den Partner hineinversetzen" und jenen so intuitiv wie möglich spielen, wobei ihr dem emotionalen Erleben, während ihr miteinander sprecht, besondere Aufmerksamkeit widmen solltet.

5. Wenn du niemanden hast, mit dem du arbeiten kannst, stelle dir selbst so lebhaft wie möglich vor, wie du mit deinem Partner sprichst, so daß du dir deiner sich in Konflikt befindlichen Gefühle bewußt werden kannst. Während du dir vorstellst, daß er dir gegenübersteht, und du dich selbst betrachtest, wie du mit ihm sprichst, frage dich, was zwischen euch nicht stimmt und was du fühlst; verfolge das Gefühl und/oder das Lebensmuster zurück zu dem Ort und zu der Zeit, als sie entstanden sind. Stelle dir vor, daß du dies deinem Partner mitteilst. Damit die positive Veränderung der Beziehung auch erreicht werden kann, bleibe bei dem kommunikativen Austausch so nahe wie möglich in der Mitte deines Gefühls.

# 25. Erwartungen
## sind verborgene Forderungen

*W*ann immer du frustriert oder enttäuscht bist, liegt es daran, daß du eine Erwartung an jemanden oder etwas hast. Sie ist ein Urteil, daß etwas anders sein sollte, als es ist. Diese Art Verhalten ist eine Erwartung, und sie erzeugt körperlich-seelische Belastungen. Eine Erwartung ist eine Form von „sollen", „müssen", „dürfen", „brauchen". Es ist eine Forderung dir selbst oder anderen gegenüber.

Wenn eine Forderung an jemanden gestellt wird, etwas unter Zwang zu tun (eine Form des Opfers, die kein Empfangen ermöglicht), werden die meisten Menschen zögernd einwilligen, oder sie werden das, was von ihnen gefordert wird, ablehnen. Das trifft auch auf uns zu, wenn wir Forderungen an uns selbst stellen.

Andere zu bitten, einzuladen oder zu inspirieren öffnet den Fluß des Lebens, statt ihn gewaltsam voranzutreiben oder ihn zu forcieren. Erwartungen blockieren die Kommunikation zwischen Menschen, weil sie eine Form der Gewalt sind, die fordert, daß andere Menschen sich ändern, um deine Bedürfnisse zu erfüllen. Dies erzeugt Widerstand und Machtkampf und hält das Vorankommen auf.

Forderungen stammen von deinen Bedürfnissen her; ein Mensch, der sich ganz fühlt, würde keine Forderungen stellen. Wir fordern von anderen das, was wir nicht selbst tun. Wenn wir zum Beispiel von jemand anderem erwarten, daß er uns liebt, liegt das daran, daß wir uns selbst nicht lieben. Wenn wir Forderungen stellen, statt anderen die Wahl zu lassen, was sie bevorzugen, treiben wir Menschen von uns weg. Die Erfüllung unserer Bedürfnisse von anderen zu fordern weist auf einen Konflikt in unserem Inneren hin, weil unerfüllte Bedürfnisse immer Konflikte ausdrücken. Wir versuchen, den Konflikt zu unterdrücken, indem wir einen anderen für unsere Bedürfnisse Sorge tragen lassen. Dies zwingt den Betreffenden in die Opferrolle und bringt ihn dazu, seine eigenen Bedürfnisse zu unterdrücken. Ein verborgener Konflikt hindert den Fortschritt in unserer Entwicklung und muß an einem gewissen Punkt geheilt werden, wenn wir voller Vertrauen weiterkommen wollen. Selbst wenn wir das bekommen, was wir gefordert haben, würde es uns nicht zufriedenstellen oder unser Kraftpotential nicht entfalten. Nur das, was wir geben/empfangen, ist dazu in der Lage.

Erwartungen verbergen Anhaftungen, und es ist das Festhalten, was unsere Fähigkeit zu empfangen behindert. Alle Anhaftungen sind Formen von Forderungen an das Leben, wie wir es uns vorstellen. Solange wir diese haben, können wir uns nicht entfalten. Das liegt daran, weil das, woran wir hängen, als Quelle unseres Glücks, früher oder später für uns verlorengeht. Wenigstens bleibt dann in diesem Verlust und im Zustand der Desillusionierung die Hoffnung, dadurch voranzuschreiten.

Eine Erwartung ist verborgener Schmerz, der früher oder später an die Oberfläche kommt und seine Lasten mit sich bringt. Deshalb erleichtert das Loslassen von Bindungen das Vorankommen auf der geistigen Ebene. Loslassen bedeutet die Erkenntnis, daß eine Illusion uns nicht glücklich machen kann. Loslassen heißt nicht Wegwerfen, sondern bedeutet lediglich, die Dinge in ihre rechte Perspektive zu rücken und in die richtigen Zusammenhänge zu stellen. Alles andere ist eine Illusion; und wenn wir viel Zeit und Energie in eine Illusion stecken, werden wir sicherlich enttäuscht. Wo immer es einen Konflikt gibt, gibt es Erwartungen und Forderungen. Wenn du dir dieser Forderungen bewußt wirst, bemerkst du, daß diese Forderungen an sich den Konflikt aufrechterhalten. Umgekehrt kann ein Loslassen von Erwartungen den Konflikt auf die nächste Ebene, die der Heilung bedarf, anheben, oder es kann den Konflikt ein für allemal auflösen.

Die erste der allgemeinsten Formen des Loslassens von Bindungen besteht darin, das Bedürfnis/den Schmerz, der darunter liegt, zu finden und diese zu spüren, bis sie völlig aufgelöst sind. Die zweite besteht darin, dein Bedürfnis/deinen Schmerz einfach in die Hände des Höheren Selbst zu legen.

# *Übung*

*1. Untersuche alle „sollten" und „brauchen", die es in dem Konflikt mit deinem Partner gibt. Vielleicht stellst du fest, daß es hilfreich ist, dir immer und immer wieder Fragen zu stellen, um zu beobachten, was intuitiv hochkommt. Du kannst Fragen stellen wie:*

*Mein Partner sollte ...*
*Mein Partner braucht ...*
*Ich sollte ...*
*In dieser Situation müßte mein Partner ...*

*Eine andere Möglichkeit, diese Übung durchzuführen, besteht darin, Bereiche zu untersuchen, wo du Ärger oder Verurteilung spürst, denn damit findest du Ebenen, in denen es verborgene Forderungen und Bedürfnisse gibt.*

*2. Fange mit dem Prozeß des Loslassens an, indem du die darunter liegenden Gefühle „wegbrennst" oder diese Gefühle und Anhaftungen deinem Höheren Selbst übergibst.*

# 26. Schuldgefühle
## sind nichts anderes als eine Falle

*W*ir Menschen fühlen uns schuldig wegen einer Vielzahl von Dingen. So gut wie alle schlechten Gefühle wie Traurigkeit, Verletzungen, Aufopferung, Bedürfnisse und Angst bringen auch ein begleitendes Gefühl von Schuld mit sich. Schuldgefühle halten uns in der Vergangenheit fest, statt daß wir im gegenwärtigen Moment leben. Schuld sieht keine Fehler, die der Berichtigung bedürfen; sie sieht Schlechtigkeit, die der Bestrafung bedarf.

Schuld ist ein so schmerzvolles Gefühl, so daß wir es bezeichnenderweise nach außen projizieren und andere der Bestrafung für wert erachten. Schuldgefühle verbergen sich leicht hinter Verurteilung und Beschwerden.

Aber Schuldgefühle sind eine Falle, deren einziger Zweck darin besteht, die Kontrolle zu behalten und uns kein Weiterkommen zu erlauben. Wer sich schuldig fühlt, ist nicht empfänglich; er zieht sich entweder zur Selbstbestrafung zurück (oder bringt aus Bequemlichkeit die äußere Welt dazu, es zu tun), oder er greift in rechthaberischer Empörung andere an (was lediglich verdeckt, wie schuldig er sich fühlt).

Wer Schuldgefühle hat, lernt nicht die Lektion. Schuldgefühle unterstützen nicht die Evolution, sondern halten uns in einer Falle gefangen. Es ist der „Super-Klebstoff" der Welt. Schuldgefühle führen uns zu der Einstellung, etwas nicht zu verdienen und uns aufopfern zu müssen, sie treiben uns in Gefühle des Versagens und der Leblosigkeit, der Wertlosigkeit und mangelnder Verpflichtung. Schuld wirkt selbstzerstörerisch und schafft emotionale Verwirrung. Schuld baut einem Fehler, den wir verehren, ein Monument. Sie schneidet uns von Inspiration, Intuition und Vision ab. Sie ist eine persönliche Umweltkatastrophe, die auf einer Form von Arroganz und von dunklem falschem Glanz basiert. Sie stellt uns ins Zentrum der Dinge und zieht alle Aufmerksamkeit auf uns, wenn wir uns zurückziehen wollen. Schuld hängt mit einer Form von Angriff zusammen, entweder offen oder durch Rückzug, der auf seine Art eine Form von Aggression ist, genauso gewaltsam.

Zu guter Letzt verbergen Schuldgefühle Angst, weil wir uns dann, wenn wir schuldig sind, in Wirklichkeit fürchten, den nächsten Schritt ins Auge zu fassen. Wir alle tragen Schuldenlasten mit uns, aber Schuldgefühle sind unwahr und halten uns davon ab zu bereuen, die Lektion zu lernen und den Fehler zu berichtigen. Wer Schuld hat, verstrickt sich im Gefühl des Abgetrenntseins, denn der Schuldige ist immer allein in seiner Schuld.

In dieser Situation mit deinem Partner gibt es Schuld oder negative Gefühle, die du als Falle benutzt hast. Lehne es ab, daß dies weiterhin geschieht. Wende dies weder auf dich selbst noch auf deinen Partner an, noch lasse zu, daß er es dir gegenüber anwendet. Schuldgefühle verbergen die Wahrheit in der Situation. Die Wahrheit wird dir ermöglichen, so zu reagieren, daß die Dinge sich vorwärtsbewegen. Sei willens, auf den Pfad des Lebens zurückzukehren und den nächsten Schritt zu tun. Laß keine Spur von Schuld sich hinter Beschwerden oder Verurteilung verbergen, die deine Entfaltung aufhalten. Laß nicht zu, daß Bereiche, in denen du hart arbeitest, aber keinen Fortschritt machst, Schuld zudecken, die dich behindern will. Laß nicht zu, daß Formen von Überkompensation wie Aufopferung und unaufrichtiges Geben Schuld verheimlichen. Laß nicht zu, daß sie durch irgendeine Forderung oder einen Angriff getarnt wird.

Wenn wir nicht reinen Herzens sind, projizieren wir lediglich Schuld und greifen sie außerhalb unserer selbst an, um zu verdekken, wie wir im Moment über uns selbst denken. Schuldgefühle sind eine der zerstörerischsten Kräfte in unserer Welt. Die Bestrafung, die wir uns selbst auferlegen, reicht niemals aus, weil wir uns selbst bei Bestrafung schlecht/schuldig fühlen und diese Schuld genau das, weswegen wir uns in erster Linie schuldig fühlen, verstärkt. Sie widmet dem Fehler, dem Problem und uns selbst mehr Aufmerksamkeit als der Lösung des Problems.

# Übung

*Konzentriere dich heute auf Bereiche von Schuld, Aufopferung und Beschwerden, insbesondere im Verhältnis zu deinem Partner.*

*1. Wenn du irgendwelche Bereiche findest, in denen du dich schlecht fühlst, dann entscheide dich, dies nicht länger als Falle zu benutzen, sondern schreite nach vorne, um im Leben wieder zu geben/empfangen. Sei dabei willens, jede Lektion zu lernen oder jeden Fehler zu berichtigen.*

*2. Untersuche jede Form der Aufopferung oder Fusion als Ort, an dem sich Schuld verbirgt. Bitte das Höhere Selbst, dich davon zu befreien, daß du egozentrisch um deine Schuldgefühle kreist, die dich von deiner wahren Mitte fernhalten. Bitte dein Höheres Selbst, dich zu deiner Mitte zurückzubringen, damit du die Wahrheit erkennen kannst.*

*3. Sei willens, deine Beschwerden und die darunter verborgenen Schuldgefühle loszulassen, um voranzuschreiten. Wenn du dich selbst näher erforschst, wirst du feststellen, daß es so gut wie niemanden gibt, über den du keine Beschwerden hast, selbst über die Menschen, die du am meisten liebst. Entscheide dich, diese Beschwerden loszulassen, um dein Leben und deine zwischenmenschlichen Beziehungen zu verbessern.*

# 27. Annehmen heilt Konflikte

*I*n jedem Konflikt gibt es etwas, was du nicht annehmen willst. Deine Zurückweisung oder dein Widerstand schafft in Wirklichkeit das Gefühl des Schmerzes oder der Zurückweisung, und wogegen du Widerstand leistest, das bleibt naturgemäß bestehen. Dein Widerstand verhindert, daß der Konflikt sich ändert oder auflöst. Du bist genau in dieser Sache, die du nicht ausstehen kannst, gefangen, bis du sie paradoxerweise annimmst. Wenn du mit dem Versuch aufhörst, jemanden zu verändern und ihn entweder annimmst, wie er ist, oder tatsächlich das tust, was für dich stimmt, so verändert sich der Betreffende oder die Situation.

Konflikt ist ein Kampf darum, wer der Dominierende und wer der sich Aufopfernde ist. Selbst wenn du der sich Aufopfernde bist, ist dies ein Versuch, den anderen dann dazu zu bringen, sich noch mehr als du aufzuopfern.

Wenn du die Situation annimmst, wie sie ist, erlaubst du, daß Fortschritt geschieht, daß sich die Dinge entfalten und zur nächsten Stufe weiterentwickeln. Dennoch befürchten viele, daß die Situation sich selbst dann nicht ordnet, wenn sie sie annehmen. Aber nur dein Widerstand und deine Haltung des „Sich Opferns" läßt die schmerzhafte Situation weiterbestehen. Aufopferung ist eine Form, bei einem Konflikt zu verlieren, damit der andere auf lange Sicht mehr verliert. Auf der anderen Seite erlaubt Annehmen, daß die Situation sich entfaltet, während du den inneren zerbrochenen Teil deines Geistes, der dazu beigetragen hat, den Konflikt zu schaffen, integrierst.

Wir wollen als Beispiel ein Szenario wählen, das viele Menschen fürchten – das einer persönlichen Tragödie. Wenn du sie nicht annimmst, bleibt der Schmerz der Tragödie in dir ständig lebendig und bewußt. Wenn du sie aber annimmst, was auch geschehen ist, wird dein Bewußtseinssprung um so größer sein, und deine Fähigkeit wahrzunehmen (= Wahrheit zu sehen) wird um so mehr wachsen, und du wirst um so schneller auf dem Weg deines Lebens weiterkommen, je schlimmer die Tragödie gewesen ist. Viele dieser tragischen Ereignisse sind in Wirklichkeit Initiationen, Einweihungen oder schamanische Prüfungen, die die Macht besitzen, dich entweder zu töten oder weise zu machen. Annehmen ermöglicht dir, die Prüfung zu bestehen. Was angenommen wird, ist integriert, so daß die Lektion nicht mehr notwendig ist. Umgekehrt können wir niemals bei anderen etwas akzeptieren, das wir bei uns selbst nicht akzeptiert haben, auch wenn wir das glauben.

Da Konflikt aus Selbsttäuschung hervorgeht, erkennen wir ihn überlicherweise nicht, bis wir mitten darin stecken. Diese Selbsttäuschung führt meist in einer solchen Situation zu Selbstgerechtigkeit, weil wir unseren Anteil daran nicht erkennen. Der Konflikt ist in Wirklichkeit eine Gelegenheit zur Heilung verborgener Elemente in uns und läßt uns in Bereichen wachsen, in denen unsere Ziele unbemerkt vereitelt wurden (oder, wie im Falle unseres Partners, offensichtlich verhindert wurden).

Deine Beschwerden in dieser Situation machen dich ängstlich, weil du dort, wo du angreifst, Gegenangriff erwartest. Wir könnten gänzlich in Sicherheit sein, wenn wir alle unsere Beschwerden aufgäben. Es ist die Reinheit des Herzens, die die Tür zur Gnade öffnet. Die Reinheit des Herzens erlaubt uns, frei zu geben und zu empfangen. Es ist die Reinheit des Herzens, die jede wahre Evolution fördert und es ermöglicht, der wechselseitigen Verbundenheit aller Dinge gewahr zu werden.

Unsere Beschwerden in einer Situation blockieren unser Höheres Selbst. Der Lärm unseres Angriffs und unserer Rechthaberei ermöglicht nicht die Antwort der Intuition, die die Dinge für jeden lösen würde, nicht nur jetzt, sondern für immer. Es liegt in der Macht unseres Höheren Selbst, zu heilen und Lösungen zu finden.

Schmerz jedoch blockiert das Höhere Selbst. Schmerz zeigt sich als Widerstand, als Gefühlsleere und Aufopferung (was ein Weg ist, jetzt zu verlieren, aber später zu gewinnen). Dieser Versuch, durch Konkurrenzkampf zu gewinnen, bringt dich dazu, das Höhere Selbst auszuschalten und dich nur auf deine Ego-Persönlichkeit zu verlassen, um zu gewinnen. Das Höhere Selbst einzuschalten, heißt dagegen, sofort die Antwort auf jedes Problem zu finden und Freude zu erleben.

# Übung

1. a) Halte in dieser Situation mit deinem Partner nach dem Ausschau, woran du haftest und was du nicht loslassen willst.

b) Halte Ausschau danach, was du dich weigerst anzunehmen, und weswegen du es vorziehst zu streiten.

c) Gestehe dir ein, was du verlieren könntest, wenn du zum Beispiel folgendes nicht annimmst: über dieser Situation zu stehen; die Weisheit und Kraft zu haben, erfolgreich die Prüfung, die diese Situation darstellt, zu bestehen; den Kontakt mit deinem Höheren Selbst und seiner Fähigkeit, eine Lösung in scheinbar ausweglosen Situationen zu finden, in denen ihr beide gewinnen könnt; Befreiung von Angst in Situationen wie dieser usw.

d) Entscheide dich neu für das, was du jetzt möchtest.

2. Verfolge dein Leben zurück und halte Ausschau nach Situationen, die noch immer schmerzen oder bei denen du dich schlecht fühlst. Gehe noch einmal die Übungsschritte durch, schreibe auf, was du verloren hast und was es möglicherweise jetzt zu gewinnen gibt, wenn du die Situation letztlich doch annimmst. Fahre damit fort, bis du schließlich diese Situationen annehmen kannst und dich durch sie mit Energie und neuer Kraft ausgestattet fühlst.

3. Bitte dein Höheres Selbst für alle Situationen um Hilfe, bei denen du das Gefühl hast, daß du sie nicht annehmen kannst.

# 28. Dein Ziel erwartet dich

*A*blenkungen und Fallen sind im Überfluß vorhanden. Sie lenken deine Aufmerksamkeit von dem ab, was wirklich wichtig ist und was wirklich zu unserem Glück beiträgt. Der bestehende Konflikt ist genau solch eine Ablenkung. Er schneidet die Inspiration und Intuition ab, die uns den Weg durch den Konflikt zeigen könnten. Er bringt uns dazu, anstelle der Wahrheit Rechthaberei und Dominanz zu betonen. Bei den Schmerzen und Zwängen des Streits verpassen wir die einfachen Freuden und sehen nicht mehr die Wichtigkeit von Gefährten, Kindern, Familie, Gemeinschaft und erkennen nicht mehr die Bedeutung von unserem spirituellen und seelischen Wachstum.

Unser Konflikt lenkt uns von unserem persönlichen Lebensziel und unserer Weiterentwicklung ab. Der Dienst an unserer persönlichen Entwicklung und die Evolution der Welt werden während des Dramas eines Konfliktes für uns nebensächlich. Oftmals erzeugen wir den Konflikt, weil wir Angst vor der Verwirklichung unseres persönlichen Lebenszieles haben und versuchen, uns selbst davon abzulenken.

Unser Lebensziel ist niemals größer als die Kräfte, die wir besitzen, es zu erreichen, obwohl der Gedanke daran manchmal ebenso fesselnd wie beängstigend sein kann. Unser Lebensziel zeigt sich nicht ausdrücklich in dem, was wir tun, obwohl es ein Teil davon sein kann. Es ist etwas, das wir sind; ein Aspekt unserer Seinheit, der in die Welt ausstrahlt. Angst vor der Verwirklichung seiner Lebensbestimmung herzustellen, ist die zugrunde liegende Ursache der meisten Konflikte, Probleme, Fallen und Ablenkungen. Weil wir Angst haben, nicht „groß" genug oder zuversichtlich genug zu sein, um etwas im Leben zu verändern oder unser Ziel zu erreichen, schaffen wir traumatische oder problematische Situationen, die uns davon abhalten, den nächsten Schritt zu tun, die uns daran hindern, uns dem hinzugeben, was wahrhaft wichtig ist, und unser Lebensziel zu leben.

Unser Lebensziel will uns zum Glücklichsein führen. Wenn wir noch nicht glücklich sind, führt uns unser Lebenssinn zur Vergebung, zur Reinheit des Herzens, zur Heilung und zum Dienen, so daß das Glück erreicht werden kann. Zusätzlich zum Glücklichsein birgt unser persönliches Lebensziel den Sinn oder die Aufgabe, die nur wir erfüllen können. Alle diese Aspekte führen zu Glück und Erfüllung. Den Konflikt mit unserem Partner in etwas zu verwandeln, das zur Verwirklichung des persönlichen Lebenszieles und zum universellen Sinn der Welt beisteuert, erfordert, daß wir selbst den Zustand der Reinheit des Herzens erreichen und uns der Heilung der Probleme widmen, die aufkommen.

Die meisten persönlichen Probleme fallen weg, wenn sich jemand seinem persönlichen Ziel und dem Dienst, der sich daraus ergibt, hingibt. Das liegt daran, daß viele Probleme lediglich unserer Verschwörung dienen, nicht für unser Ziel leben zu wollen. Dennoch ist es unser persönliches Lebensziel, das zu Erfüllung führt. Unsere engsten Beziehungen sind lebensnotwendig für die Erfüllung unseres Ziels. Sie stellen die Bedeutung und die Energie für unser Leben zur Verfügung. Was wahrhaft bedeutsam ist, steigert den Lebenswert, hat verjüngende Wirkung, erfüllt unsere persönliche Entwicklung mit Kraft und Mut und fördert auch die Evolution der Welt.

Wenn wir unser Lebensziel leben können, ermöglicht das einen visionären Seinszustand. Er ist von Liebe und Kreativität geprägt, die eine positive Zukunft schaffen, ein erweitertes Wahrnehmungsvermögen und eine Begeisterung für das Leben und für andere Menschen.

Sein Ziel leben heißt,
den Abgrund überspringen hin zur Liebe
und eine Brücke hinterlassen,
damit die anderen folgen können.*

---

* aus: Die Götter erwecken, von Chuck Spezzano, Ph.D.

Die meisten Menschen scheuen vor jedem Gedanken an ihr Lebensziel aus Angst davor zurück, daß sie es verwirklichen müssen, oder aus Angst, etwas dabei zu verlieren, an dem sie hängen. Vision ist jedoch nicht etwas, was du tust, es ist etwas, das durch dich getan wird. In der Vision hast du das Gefühl, daß das Leben dich lebt, statt daß du das Leben lebst.

Außerdem ist das, was du loszulassen fürchtest, lediglich eine Anhaftung, die aufgegeben werden muß, wenn das Leben sich entfalten und fortschreiten soll. Wenn wir eine Anhaftung oder ein Bedürfnis haben, versuchen wir eher zu bekommen und zu nehmen, statt zu empfangen. Es blockiert unsere Fähigkeit, selbstbewußt, vertrauensvoll, offen und empfänglich zu sein. Es täuscht uns vor, daß wir Liebe besitzen. Woran wir festhalten, kann uns niemals glücklich machen; es verdammt uns zu zerschlagenen Träumen und Enttäuschungen. Was wir in der Anhaftung suchen, kann nur dadurch gefunden werden, daß wir unser Lebensziel leben.

# Übung

*Beschließe heute, daß du deinen Partner nicht benutzen willst, um dich zurückzuhalten oder abzulenken. Bitte das Höhere Selbst, dir dein Lebensziel zu zeigen oder zumindest den nächsten Schritt zur Verwirklichung deines Lebenszieles. Erkenne, daß Vergebung in dem Konflikt mit deinem Partner zur Verwirklichung deines Lebenszweckes gehört. Sei willens, der Entwicklung der Welt zu dienen, und sei es nur durch Anhebung deines eigenen Bewußtseins. Während du voranschreitest, Begrenzungen hinter dir läßt und dich für eine neue Ebene öffnest, kann Gnade sich in dich und in andere Menschen in ähnlichen Situationen auf der Welt ergießen. Während du dein Ziel lebst, beginnst du, einen Schimmer des Weltplanes, der sich zusammen mit dir entfaltet und entwickelt, zu erhaschen.*

*Die meisten Probleme und Traumata deines Lebens haben existiert, um dein Lebensziel zu verbergen, ebenso hilft die Auflösung dieser Probleme und Muster dein Lebensziel zu enthüllen und zu erfüllen. Triff die Wahl, daß dieses höchst wertvolle Geschenk und Mittel zur inneren Erfüllung nicht länger vor dir verborgen bleibt. Entscheide dich dafür, dich selbst zu erkennen und verwirkliche, was du dem Leben zum Geschenk machen sollst. Erkenne, wie du in den sich entfaltenden Weltplan und das Weltziel eingebunden bist und entscheide dich dafür, deine Aufgabe darin zu erfüllen.*

116

## 29. Dein Partner ist gekommen, dich zu retten

*H*eute wollen wir uns ein noch fortgeschritteneres Konzept anschauen. Es nähert sich deinem Konflikt aus einer neuen Perspektive. Wenn du deine Perspektive veränderst, ändert sich deine Wahrnehmung und damit die Situation selbst. Auf einer gewissen Ebene ist jegliche Heilung eine Veränderung der Sicht der Dinge. Du hast wahrscheinlich bemerkt, daß sich die Situation mit deinem Partner – falls sie sich nicht völlig verändert hat – Schicht um Schicht verschoben hat. Dies geschieht, weil viele unserer Konflikte vielschichtig sind, und manchmal ärgern wir uns, oder befinden wir uns in einem Konflikt wegen einer Vielzahl verschiedener Dinge. Deshalb ist dies auch ein 30-Tage-Kurs, der es ermöglicht, selbst durch chronische Konflikte Schicht um Schicht hindurchzugehen. Während jede einzelne der Lektionen imstande ist, den Konflikt zu lösen, stellen 30 Tage das Mittel zur Verfügung (falls irgendeine Art der Bereitwilligkeit vorhanden ist), Schicht um Schicht durch die kompliziertesten Konflikte hindurchzugehen.

Um deine Perspektive zu verändern, ist deine Bereitschaft notwendig, die Haltung aufzugeben, daß du im Recht bist. Du kannst nicht im Recht sein und gleichzeitig Heilung erreichen. Die Veränderung deiner Perspektive ist die Basis für eine erfolgreiche Lösung deiner Situation. Dies erfordert die Bereitschaft, ein williger Lernender zu sein – ja ein glücklicher Lernender!

Deine Rechthaberei behauptet, daß es für dich nichts mehr zu lernen gibt, daß der Fall abgeschlossen ist und du die Antwort bereits kennst. Das Problem bei der Rechthaberei besteht darin, daß du dann, wenn du entschieden hast, in dieser Situation recht zu haben, darin feststeckst. Wenn du aber willens bist, Fehler einzugestehen, gibt es alle Arten der Verbesserung.

Die heutige neue Perspektive ergibt sich daraus zu ersehen, daß dein Partner gekommen ist, dich zu retten. Er ist gekommen, dich zu retten, wodurch er dir eine Gelegenheit gibt, einen Konflikt zu klären, der dich bisher aufgefressen hat, deine inneren Ressourcen verbraucht hat und deinen Fortschritt durch eine unsichtbare Wand, die deine größten Anstrengungen, sie zu überwinden, zunichte gemacht hat, aufgehalten hat. Nun ist der Konflikt in dir aufgedeckt. Wenn du der Täuschung widerstehst, daß es sich lediglich um ein Problem deines Partners handelt, kannst du mit der geschärften Wahrnehmung gesegnet werden, daß du selbst ein Problem hast, und erkennen, was es für dich bedeutet. Dir kann der Scharfblick gewährt werden, zu erkennen, was und wieviel davon dir zu heilen obliegt und wieviel du loslassen kannst. Das ist der halbe Weg. Jetzt weißt du, woran du arbeiten mußt.

Noch einmal: Jeder Versuch, deinen Partner durch aktive oder aggressive Methoden zu verändern, leugnet deine Verantwortung und damit deine Fähigkeit, die Situation zu verändern. Jeder Versuch, ihn durch Rückzug, emotionale Erpressung oder negative Gefühle zu bestrafen, vernebelt das Thema und deine Fähigkeit, die Situation zu transformieren. Jeder Versuch, die Situation zu manipulieren, bewirkt, daß du diese goldene Gelegenheit verpaßt. Denn rein im Herzen zu bleiben angesichts dieses Angriffs oder Problems heißt, an Reife zu wachsen. Selbst wenn dein Partner die übelste Person auf dem Planeten wäre, kannst du dich dennoch selbst großartig entwickeln, wenn du die Fähigkeit zur Vergebung bekommst und die Reinheit des Herzens erreichst und dich dafür entscheidest, kein Opfer zu sein. Wenn du ihm jedesmal, wenn du an ihn denkst, Segen oder Liebe oder Licht schickst, würdest du dich auf dem schnellsten Weg sowohl selbst weiterentwickeln als auch deinem Partner und dem Planeten bei ihrer Entwicklung helfen.

Die Auflösung von Konflikten beseitigt seelische Belastungen, gibt dir vermehrt Gnade, verbessert deine Gesundheit, befreit dich, um voranzuschreiten, erlaubt dir, ohne Anstrengung im Leben mehr zu erreichen, fördert ein stärkeres Gefühl des Wohlergehens und schafft mehr Klarheit, Vertrauen und Nähe. Es kann Angst vermindern und dir ein stärkeres Gefühl der

Unschuld vermitteln. Diese Auflistung ist nicht vollständig, aber sie kann dir eine Vorstellung von den Vorteilen vermitteln, die du empfängst, wenn du Konflikte auflöst und heilst.

Ein anderer bedeutender Vorteil, der sich aus dieser Situation mit deinem Partner ergeben kann, besteht darin, daß er deine Schuld durch „sein" Problem bündelt. Was unbewußt schwer faßbar wäre, ist nun offengelegt worden. Noch einmal: Nur die Schuldigen verdammen, und nur die Selbstankläger klagen andere an. Aber indem du deinem Partner vergibst, bietest du ihm deine Hilfe an, anstatt ihn zu verurteilen. Durch dein Hilfsangebot befreist du ihn von der Projektion, die er von dir hat, und möglicherweise auch von Projektionen auf andere Personen. Auch befreist du dich selbst in diesem Prozeß. Wenn du deinen Partner aus diesem Konflikt durch deine Vergebung und durch die Reinheit deines Herzens befreist, kann er dir daraufhin in einer Weise Unterstützung gewähren, die du mit Sicherheit nicht vorausgeahnt hast. Wenn du ihm so hilfst, kann er sich einfach umdrehen und dir helfen. Nach jeder Vergebung kann dein Partner immer mehr erblühen. Es gibt nur dort Wachstum, wo es Vergebung und Liebe gibt. Noch einmal: Wenn du deinem Partner vergibst, verändert sich deine Wahrnehmung von ihm und von daher auch deine Erfahrung mit ihm. Wenn du deine Schuldgefühle auflöst, siehst du ihn klarer, und er reagiert auf diese Klarheit und auf die Tatsache, daß du keine Projektionen mehr hast.

Wir wollen es noch einmal auf übertriebene Weise sagen, um auf den Punkt zu kommen, und nehmen das Szenario eines „phantastischen" schlimmsten Falls an. Gehen wir davon aus, daß dein Partner der Teufel in Person ist, der von der Hölle gesandt wurde, um es dir schwerzumachen. Vergebung und die Reinheit des Herzens würden ihn neutralisieren, seiner Bösartigkeit die Kraft nehmen, dir zu schaden, und sie würden ihn auf einen Pfad der Evolution bringen, den er zuerst hassen mag, aber später wertschätzen wird. Fortgesetzte Vergebung wird die Transformation fortsetzen. Übles kann uns nur etwas anhaben, wenn wir negative Gedanken haben oder andere angreifen.

# Übung

*Erkenne deine Fähigkeit an, die Entscheidung zu fällen, die Situation anders zu betrachten und dich der Veränderung deiner Wahrnehmung (die deine Projektion ist) zu verpflichten. Beschließe, dich selbst und die anderen Betroffenen von dem kleinen Stück Hölle, das jeder Konflikt darstellt, zu erlösen.*

*Gehe heute mit deinem Partner die Verpflichtung ein, daß ihr euch gegenseitig zugesteht, den Weg der Transformation zu gehen. Erkenne, daß deine Beschwerden lediglich aus deinem Glauben resultieren, zu wissen, was vor sich geht und was in der Situation richtig ist. Auf allen Ebenen des Prozesses und der Entfaltung davon auszugehen, dies zu wissen, ist mit Sicherheit arrogant. Dagegen sind es deine Vergebung und die Reinheit des Herzens, die die Dinge in die richtige Perspektive rücken und dir erlauben, klar zu sehen.*

*Entscheide dich dafür, dich und die anderen durch die Reinheit des Herzens und durch Vergebung zu befreien. Wenn sich dies nicht leicht bewerkstelligen läßt, bitte dein Höheres Selbst, es für dich zu vollziehen.*

## 30. Jeder Konflikt ist in Wirklichkeit Angst, alles zu besitzen

*N*ach zwanzig Jahren als Therapeut fing ich an zu entdek-ken, daß etwas sehr Interessantes geschah, wenn wir auf die ursprüngliche Dynamik der menschlichen Probleme stießen. Oftmals erreichten wir eine untere Ebene, auf der die Menschen Schwierigkeiten schufen, weil sie Angst hatten, alles zu besitzen. Sie brachten dann verschiedene Aspekte dieser Angst zum Aus-druck wie: „Wenn ich alles besitze und die Dinge gut sind, dann werde ich verschwinden oder sterben", oder „Ich werde darin verschmelzen und meine Identität im Einssein verlieren", oder „Wenn ich alles hätte, was würden meine Familie und meine Freunde denken?" oder „Ich kann nicht alles haben, weil so viele Menschen leiden".

Diese Dynamik kam mehr und mehr zum Vorschein. Selbst wenn wir auf ursprüngliche unbewußte Ängste stießen, betraf die Angst in Wirklichkeit oftmals nicht etwas Schreckliches, was passierte, sondern etwas gänzlich Wunderbares, was ge-schehen könnte. Es wurde klar, daß die letzte Angst der Men-schen die Angst vor dem Glücklichsein oder vor Gott oder davor war, alles zu haben. Für mich war dies eine verrückte Ent-deckung.

Die am weitesten verbreitete Angst, die in bezug auf „alles zu haben", auftauchte, war das Gefühl, die Kontrolle zu verlieren, wenn die Menschen so glücklich oder so sehr verliebt waren. Aber mit der Zeit entdeckte ich, daß die Angst hinter all den an-deren Schuldgefühlen und Ängsten nicht die Angst vor dem Tod war, wie ich in meiner Ausbildung gelernt hatte, sondern die Angst davor, daß das Leben so gut war. Irgendwie war das reine Wissen darüber den Menschen unbehaglich, obwohl sie danach bewußt strebten.

Der bewußte Geist möchte eine gute Definition eines Kon-fliktes oder Bereiches, in dem wir keinen Erfolg haben können, und er arbeitet hart dafür; der tiefere Geist aber lehnt dies aus Angst und Schuldgefühlen ab.

Was du brauchst,
wirst du dringlich suchen,
aber heimlich wegschieben.*

Als ich in die Dynamik von Problemen weiter vordrang, entdeckte ich außerdem, daß jedes Problem eine Art Scheideweg darstellt. Es ist eine Wahl, entweder das Geschenk zu empfangen oder das Problem anzunehmen. Das Geschenk ist eine Chance, im Bewußtsein voranzuschreiten, während das Problem in Wirklichkeit den sich entfaltenden Prozeß verlangsamt und uns einen Funken Kontrolle gibt. Ich lernte dabei, daß einer der einfachsten Wege, ein Problem zu lösen - wie schrecklich es auch zu sein scheint - darin besteht, den Klienten oder Seminarteilnehmer dahin zu bringen, das Geschenk anzunehmen, das das Leben in diesem Problem ihm anbietet.

---

* aus: Die Götter erwecken, von Chuck Spezzano, Ph.D.

122

# Übung

*Beginne heute zu untersuchen, wie du möglicherweise diesen Konflikt mit deinem Partner dazu verwendest, dich selbst von etwas Gutem fernzuhalten. Frage dich, was das sein mag. Auf unterbewußter Ebene besitzt du in deinem Leben nur jene Dinge, vor denen du keine Angst hast, sie zu besitzen. Du kannst dieses Prinzip benutzen, um noch einmal zu untersuchen, was du in deinem Leben haben möchtest und was du tatsächlich hast. So besitzen wir – trotz aller gegenteiliger Klagen – nur das, wovor wir keine Angst haben, es zu besitzen.*

*Wenn du einmal eine Vermutung hast, welche gute Sache du möglicherweise fürchtest, falls du sie in deinem Leben bekommst, frage dich intuitiv, was dir dabei Angst macht. Die Antworten, die sich ergeben, entspringen direkt deinem Unterbewußten. Erforsche diesen Bereich selber, so weit es dir möglich ist, und dann mit deinem Partner. Wenn du Widerstand gegenüber diesem Konzept verspürst, glaube ihm nicht, sondern gehe davon aus, daß es wahr ist. Untersuche es selbst und zusammen mit deinem Partner, um einfach zu sehen, was hochkommen mag. Was sich als sehr provokativ und interessant herausstellt, kann eine ganz andere Perspektive für deine Probleme bereitstellen. Bitte wiederum dein Höheres Selbst, dir bei allen Themen zu helfen, die sich nicht durch Verständnis und Kommunikation aufzulösen scheinen.*

## Seminare mit Lency und Chuck Spezzano

*Psychology of Vision*-Seminare sind verdichtete Lebenserfahrung. Sie sind eine Gelegenheit, die vielen Facetten unserer Persönlichkeit zu erkunden und die praktischen Schritte zu erlernen, die uns von dort, wo wir jetzt sind, zum lebendigen Ausdruck des vollen menschlichen Potentials führen. Jedes Seminar ist ein einzigartiges Erlebnis, eine Entdeckungsreise in die Welt des Bewußtseins.

An *Psychology of Vision*-Seminaren treffen sich Menschen jeden Alters, aus vielen Ländern, mit verschiedenstem beruflichen und persönlichem Hintergrund, alleinstehende Frauen und Männer (rund die Hälfte der Teilnehmer sind Männer), Paare, ja sogar ganze Familien. Was alle verbindet, ist die Bereitschaft, sich für Veränderungen zu öffnen, um mehr Lebendigkeit, mehr Erfolg, liebevollere Beziehungen in ihrem Leben zu verwirklichen.

Als Team und Ehepaar verbinden sich in Chuck und Lency Spezzano zwei außergewöhnliche Persönlichkeiten zu einer Intensität, die tiefgreifende Veränderungen in den Menschen auszulösen vermag, und zwar auf allen Ebenen menschlichen Seins: spirituell, psychisch-emotionell, körperlich.

Information: Psychology of Vision Schweiz,
Deutschland, Österreich
Postfach 79 20
CH 3001 Bern
Tel.: 0 31 9 72 55 55
Fax: 0 31 9 72 55 77

Weitere Bücher aus dem Verlag Via Nova:

# Wenn es verletzt, ist es keine Liebe
Wege zu erfüllenden Beziehungen
Chuck Spezzano

412 Seiten, gebunden – ISBN 3-928632-20-5

Dieses Buch verändert Ihr Leben. Ein Wissender zeigt den Weg, wie Sie ein Leben führen können, das erfüllt ist von Liebe und Verstehen, von Freude und Glück. Sie erfahren in 366 Kapiteln wichtige Lebensgrundsätze, die Ihre zwischenmenschlichen Beziehungen auf eine höhere Ebene heben.
Die Weisheit der Liebe, die der Verfasser in jahrzehntelanger Forschungsarbeit als Psychotherapeut, als weltweit bekannter Seminarleiter, als visionärer Lebenslehrer entdeckt und in klare Weisungen umgesetzt hat, verwandelt Sie und berührt Ihr wahres Wesen, das Liebe ist.
Durch die angebotenen Übungen, die das theoretisch Erkannte auch in den praktischen Alltag umsetzen, wird das Buch zu einem Wegbegleiter und Ratgeber in bedrängenden Beziehungsnöten. Wenn Sie Schritt für Schritt in die wichtigsten Grundprinzipien der Liebe eingeführt werden, reifen Sie in Ihrer Selbsterkenntnis, können Ihre Beziehungen in Partnerschaft und Freundschaft neu ordnen, vertiefen und intensivieren. Sie können die Ursachen für Ihre Schwierigkeiten in der Liebe erkennen, Blockaden auflösen und seelische Wunden heilen lassen.

# Glücklichsein ist die beste Vergeltung
Die Kunst des Loslassens – ein 30-Tage-Programm
Chuck Spezzano

136 Seiten, gebunden – ISBN 3-928632-21-3

Auch dieses Buch von Chuck Spezzano informiert den Leser über die wichtigsten Lebensregeln zum Glücklichsein. Es hilft, die unterbewußten Blockaden zu erkennen und aufzulösen, die inneren Hindernisse aus der Psyche zu überwinden und in der Erfahrung der wunderbaren Seelenkräfte der Liebe sein wahres Lebensglück und seinen Lebenssinn zu finden. Unverarbeitete Geschehnisse und Gefühle kommen ins Bewußtsein und können geheilt werden. Widerstände aus verdrängten, ungelösten Ereignissen, Schmerz, Schuldgefühle und Angst werden durch Erkennen und Übung aufgelöst. Vertrauen und Selbstbewußtsein wachsen, Krankheiten heilen, neue Schritte für die Selbstwerdung und Bewußtseinserweiterung werden sichtbar. Sie werden in einem 30-Tage-Programm vermittelt. Jedes Kapitel wird mit einem Angebot von Übungen abgeschlossen, die die gewonnenen Einsichten in konkrete Übungsschritte umsetzen.

# Gib den Weg frei für die Liebe
Leitfaden zum Öffnen deines Herzens
Lency Spezzano

168 Seiten, gebunden – ISBN 3-928632-19-1

Ist es Ihr Herzenswunsch, die Zärtlichkeit, die Schönheit und die Faszination einer großen Liebe zu erfahren? Ist Ihnen die natürliche Fähigkeit verlorengegangen, Gefühle wirklich zu empfinden und Vertrautheit zu erleben? Wenn dies zutrifft, ist dieses Buch eine Antwort auf Ihren Hilferuf! Es ist ein Erlebnis, das Ihr Herz bewegen wird und Sie in einer Weise berühren wird, wie Sie es vorher nur selten erfahren haben.
Daß wir alle eine unauslöschliche Sehnsucht nach der Einheit der Liebe haben, beschreibt Lency Spezzano in spannenden und innerlich berührenden Erlebnissen, die aus ihrer eigenen lebendigen Lebenserfahrung und ihren ans Wunder grenzenden Heilerfolgen, ihrer Therapie- und Beratertätigkeit entstanden sind. In der tiefgreifenden Seelenanalyse des menschlichen Wesens durchbricht die Verfasserin die Masken und Rollen, die sich der Mensch als vermeintlichen Selbstschutz angelegt hat.

# Den Pfad des Herzens gehen

Traumkörperarbeit – Schamanische Praktiken
und moderne Psychologie

Arnold Mindell

256 Seiten, gebunden – ISBN 3-928632-24-8

Jahrzehntelange Erfahrungen in der Prozeßorientierten Psychologie und intensive Begegnungen mit Schamanen, eingeborenen Heilern und Weisen, in allen Erdteilen bilden die Grundlagen dieses Buches, das sowohl moderne Psychologie als auch schamanische Praktiken und Heilmethoden zu einer fruchtbaren Synthese verbindet, die Sie im Alltag nutzen können.
Sie werden in dem Buch mit mächtigen, unbekannten und heilenden Kräften konfrontiert, die den Weg des „Jägers" und des „Kriegers" begleiten. Um dem „Größeren", das der Verfasser Geist nennt, dem „Verbündeten" und dem „Doppelgänger" zu begegnen, werden die Erfahrungen, die aus Körperempfindungen oder Traumbildern auftauchen, bewußt gemacht und eine „zweite Aufmerksamkeit" entwickelt.
Jedes Kapitel schließt mit Übungen ab, die jeweils die persönliche Erfahrung des vorher beschriebenen Inhalts ermöglicht. Es werden praktische Methoden angeboten, wie Sie mit Ihrem Traumkörper in Verbindung kommen, ganz werden und zu sich selbst finden.

# Jean Gebser

Individuelle Transformation vor dem Horizont
eines neuen Bewußtseins

Gerhard Wehr

304 Seiten, gebunden – ISBN 3-928632-26-4

Die Gebser-Biographie beleuchtet Höhen und Tiefen eines innerlich wie äußerlich bewegten Lebens; das Leben eines Dichters und Kulturgeschichtlers, eines vielgereisten Weltbürgers, der als Phänomenologe viele Disziplinen befruchtet hat: Philosophie, Psychologie, Anthropologie, Bereiche der Mythologie und der Symbolforschung. Der Verfasser Gerhard Wehr hat nach jahrelangen Recherchen und nach zahlreichen Gesprächen mit Freunden und Zeitzeugen Gebsers, aufgrund des Studiums der Tagebücher und einer tiefgründigen Kenntnis des literarischen Werkes die erste umfassende Gebser-Biographie vorgelegt.
Der Leser erfährt nicht nur biographische Informationen, sondern auch in verdichteter Form die wichtigsten Einsichten und Erkenntnisse über die Stufen menschlicher Bewußtseinsentwicklung, über das Werden einer neuen Welt und die Heraufkunft eines neuen Bewußtseins.

# Transpersonale Psychologie und Psychotherapie

Zeitschrift, 112 Seiten, zwei Ausgaben: Frühjahr und Herbst

**Transpersonale Psychologie und Psychotherapie** ist eine unabhängige Zeitschrift, schulen-, kultur- und religionsübergreifend, verbindet das Wissen spiritueller Wege und der Philosophia perennis mit moderner Psychologie und Psychotherapie, leistet Beiträge zur wissenschaftlichen Fundierung des Transpersonalen.
**Transpersonale Psychologie und Psychotherapie** ist eine Zeitschrift, die sich an Fachleute und Laien wendet mit einem Interesse an transpersonalen Themen. Aus einem schulen-, kultur- und religionsübergreifenden Verständnis heraus bietet sie ein Forum der Verbindung von Psychologie und Psychotherapie und deren theoretische Grundlagen mit spirituellen und transpersonalen Phänomenen, Erfahrungen und Wegen, Welt- und Menschenbildern. Sie dient dem Dialog der verschiedenen Richtungen, fördert integrative Bemühungen und leistet Beiträge zur Forschung und Theoriebildung. Sie bietet Überblick, Orientierung und ein Diskussionsforum auf wissenschaftlichem Niveau.

# Die zwölf Grade der Freiheit

## Christian Larsen

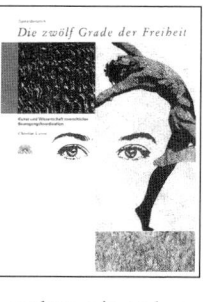

320 Seiten, 324 Illustrationen, Fotos und künstlerische Umsetzungen, Groß-format, Zweifarbendruck, ISBN 3-928632-16-7

Einem Bildhauer vergleichbar, gestalten Sie zeitlebens Ihren eigenen Kör-per. Nur verwenden Sie Bewußtsein und Bewegung anstelle von Hammer und Meißel.

Die Spur führt zur verblüffenden Wiederentdeckung des Selbtverständli-chen. Die Bewegungen des Menschen folgen denselben Prinzipien von Raum und Zeit, von Energie und Materie, welche Bewegungskoordination überall in der Natur bestimmen. Der Mensch – ein „Stück Universum".

Dieses Buch schult Ihr Auge in Wort und Bild. Sie werden sich selbst und andere mit anderen Augen betrachten lernen. Der „diagnostische Blick" erlaubt Ihnen zu erkennen, was koordiniert ist und was nicht. Darauf basierend finden Sie ein vierstufiges Übungsprogramm, das Ihren Alltag zur wirkungsvollen Übung werden läßt.

Sie werden ein wissenschaftliches Kunstbuch besitzen – einzigartig in seiner Art. Es verdichtet, was Sie schon immer über Bewegung wissen wollten, zu persönlichen Erkenntnissen. Ein bewegendes Buch, an dem kein Weg vorbeiführt.

# Die Vision des göttlichen Menschen

## Barbara Schenkbier

432 Seiten, gebunden, 21 ganzseitige Bilder, Zweifarbendruck, ISBN 3-928632-18-3

Das Buch ist geschrieben für alle Menschen, die eine Ahnung und eine große Sehnsucht nach einem Leben haben, das von Liebe, Frieden, Freude und Freiheit erfüllt ist; für diejenigen, die schon wach geworden sind für ein spirituelles Leben und noch Mittel und Wege suchen, ihre Träume zu ver-wirklichen; für alle, die einen geistigen Weg beschreiten, daß sie ihn besser verstehen, ihn bewußter, mutiger und konsequenter weitergehen.

Dieses Buch eröffnet den Blick in eine Zukunft, die die evolutive Schöpfer-kraft selbst schaffen wird. Es spiegelt die inspirativ aufgenommenen Lichtschwingungen aus der gei-stig-göttlichen Welt wider. Es ist aus der Verbindung mit dem göttlichen Geist und der eigenen, spi-rituellen Erfahrung der Autorin heraus geschrieben. Es berührt in seiner poetischen Sprache das Herz und verwandelt das Bewußtsein.

Es weckt Vertrauen und Glauben, daß gerade in der heutigen Zeit des Umbruchs und der Neuori-entierung der Geist Gottes sich als verwandelnde Kraft zum Ausdruck bringt.

# Suche nach dem Sinn des Lebens

## Willigis Jäger

272 Seiten, gebunden, ISBN 3-928632-03-5

Alle wichtigen Themen des spirituellen Lebens werden von dem Zenmeister Pater Willigis Jäger in diesem Buch grundlegend behandelt und in Bezug gesetzt zur christlichen Mystik, aber auch zu den großen Traditionen der esoterischen Wege anderer Religionen, zu den Ergebnissen moderner Na-turwissenschaft und zu den Erkenntnissen der transpersonalen Psychologie. Die psychologischen Aspekte des inneren Weges, seine Tiefenstrukturen und Stadien, der Umgang mit den Gefühlen und die Verwandlung des Schattens werden eingehend beschrieben. In diesem Buch geht es um den inneren Weg der christlichen Religion, um einen Bewußtseinswandel in der Gleichgestaltung mit Christus, um eine neue – von innen geprägte – Ethik, die Verantwortung für die Mitwelt übernimmt. Das Buch befreit zu einem sinnerfüllten Leben; motiviert, den inneren Weg zu gehen, provoziert zu einem neuen Denken und Handeln und tröstet in dunklen Stunden.

# Theorie und Praxis des Hatha-Yoga

Ein Leitfaden zur Erfahrung der Energie

## Boris Tatzky, Anna Trökes, Jutta Pinter-Neise

Großformat, gebunden, 336 Seiten, 270 Fotos
und 60 Zeichnungen, ISBN 3-928632-15-9

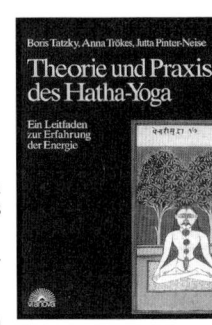

„Theorie und Praxis des Hatha-Yoga" entstand aus dem Bedürfnis nach einem Yogabuch, das fundiert und leicht verständlich die Hintergründe des Übungsweges erläutert, der im Westen von so vielen Menschen geübt wird.

- Inhaltlich bietet es einen Übungsteil, der über die reinen Körperhaltungen des Hatha-Yoga hinausgeht,
- Energielenkungen zur Vertiefung der Wirkungen,
- eine detaillierte, stufenweise Beschreibung der wichtigsten Yogahaltungen (āsana) mit der entsprechenden Atemlenkung (prāṇāyāma),
- Konzentrationstechniken, die typisch für den Hatha-Yoga sind.

In klarer und verständlicher Sprache werden die Konzepte unterschiedlicher Qualitäten der Energie (guṇas), der Körperhüllen (kośas) und der Energiezentren des Körpers (cakras) erläutert. Die Verfasser zeigen, wie die Lebensenergie durch bewußten Einsatz im Alltag und auf der Yogamatte geleitet und verstärkt werden, kann.

# Zum Lichtgrund der Seele

## Rosina Zipperle

190 Seiten, gebunden, ISBN 3-928632-07-8

Das Buch von Rosina Zipperle „Zum Lichtgrund der Seele" zeigt Wege zur Transparenz auf, die den künstlerischen Reichtum ihrer Bilder ins geschriebene Wort übermitteln. Aus eigener tiefer Erfahrung fließen im Kapitel über die „Selbstfindung" die Darstellungen der Aura als Spiegelbild des Denkens und Handelns. Vorbereitet wird diese Selbstfindung durch den Läuterungsweg der Meditation. Bei dem zweiten Kapitel „Selbstverwirklichung" vertieft sich dieser Durchlichtungsprozeß über Traumsymbole als Spiegelungen des Unterbewußten, zur Läuterung dieses dunklen Bereiches. Einbezogen in diesen Prozeß werden ferner das Gefühlsleben, die Egozentrik, Liebe und Leid.
Das Kapitel „Transformation" verdichtet diesen Umwandlungsprozeß.
Er setzt an bei der Vergeistigung und bei der reifen Persönlichkeit und führt über die Berührung mit dem Göttlichen zum gotterfüllten Menschen.

# Menschliches Reifen und göttliche Berührung

## Joseph Zapf

257 Seiten, gebunden, acht farbige, ganzseitige Bilder von Rosina Zipperle, ISBN 3-928632-08-6

Reifsein ist eines der erstrebenswertesten und beglückendsten Lebensziele. Der Mensch wird jedoch nicht reif ohne eigenes Zutun. Deshalb sind konkrete Lernschritte und praktische Methoden für das eigene Reifen im Alltag so entscheidend wichtig. Wer danach fragt, der findet in diesem Buch sehr konkrete, praktische Hinweise und Anregungen. Scharfsichtig führt der Autor zu einer prüfenden Selbstbesinnung. Er geht den Trübungen des Bewußtseins bis ins Unterbewußte sorgfältig nach. Hilfen werden angeboten, wie beispielsweise Grundformen der Angst, Fixierungen und Vorurteile überwunden werden können.
Die lichtdurchfluteten Bilder von Rosina Zipperle und die meditativen Texte des Verfassers vertiefen die spirituelle Wirkung des Buches.